하루 한 권 학습만화 3
세계의 역사

일러두기

이 책은 세계사를 바라보는 다양한 시각 및 국제정치적 감각을 길러주기 위한 목적으로 기획되었다. 원서는 비교역사학을 토대로 서술되어 특정 국가의 시각에 치우치지 않고 세계 각국의 다양한 역사적 사실에 기반을 두고 있다. 다시 말해 우리 민족의 관점으로 바라본 세계사가 아님을 밝힌다.
다만 역사라는 학문의 특성상 우리나라 학계 및 정서에 맞지 않는 영토분쟁 · 역사적 논쟁점도 분명히 존재한다. 편집부 역시 이러한 사실을 인지하고, 국내 정서와 다른 부분은 되도록 완곡한 단어로 교정했다. 그러나 오늘날 발생하는 수많은 역사 분쟁을 다양한 시각에서 논의할 수 있도록 필요한 부분은 원서의 내용을 살려 편집했다. 교육 자료로 활용하거나 아동이 혼자 읽는 경우 이와 같은 부분에 지도가 필요할 수 있음을 당부드린다.

하루 한 권 학습만화 3
세계의 역사
도쿄대학 명예 교수 하네다 마사시 감수

3 고대의 대제국(진·한과 로마)

등장인물

제1장 서아시아·남아시아왕조의 흥망성쇠

서아시아·남아시아에서는 여러 왕조가 흥망성쇠를 반복하는 한편 사산조 페르시아가 크게 번영했다.

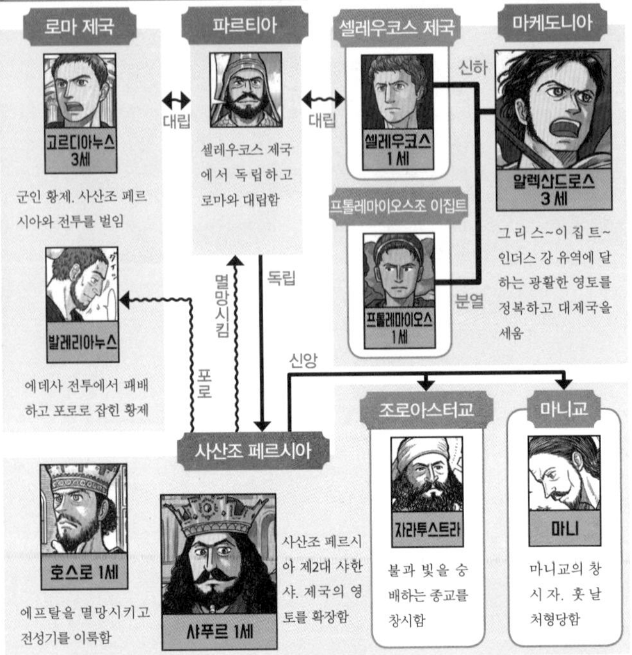

로마 제국

고르디아누스 3세 — 군인 황제. 사산조 페르시아와 전투를 벌임

발레리아누스 — 에데사 전투에서 패배하고 포로로 잡힌 황제

파르티아 — 셀레우코스 제국에서 독립하고 로마와 대립함

셀레우코스 제국

셀레우코스 1세

프톨레마이오스조 이집트

프톨레마이오스 1세

마케도니아

알렉산드로스 3세 — 그리스~이집트~인더스 강 유역에 달하는 광활한 영토를 정복하고 대제국을 세움

로마 제국 ↔ 파르티아: 대립
파르티아 ↔ 셀레우코스 제국: 대립
셀레우코스 1세, 프톨레마이오스 1세 — 알렉산드로스 3세의 신하, 분열
파르티아 → 사산조 페르시아: 독립
사산조 페르시아 → 파르티아: 멸망시킴
사산조 페르시아 → 발레리아누스: 포로
사산조 페르시아 → 조로아스터교, 마니교: 신앙

사산조 페르시아

호스로 1세 — 에프탈을 멸망시키고 전성기를 이룩함

샤푸르 1세 — 사산조 페르시아 제2대 샤한샤. 제국의 영토를 확장함

조로아스터교

자라투스트라 — 불과 빛을 숭배하는 종교를 창시함

마니교

마니 — 마니교의 창시자. 훗날 처형당함

제2장 진·한의 통일과 난세

진(秦)이 중국을 통일하면서 춘추·전국 시대가 막을 내렸다.
한(漢)대에 들어 태평성대가 이어졌으나, 다시 난세가 시작되었다.

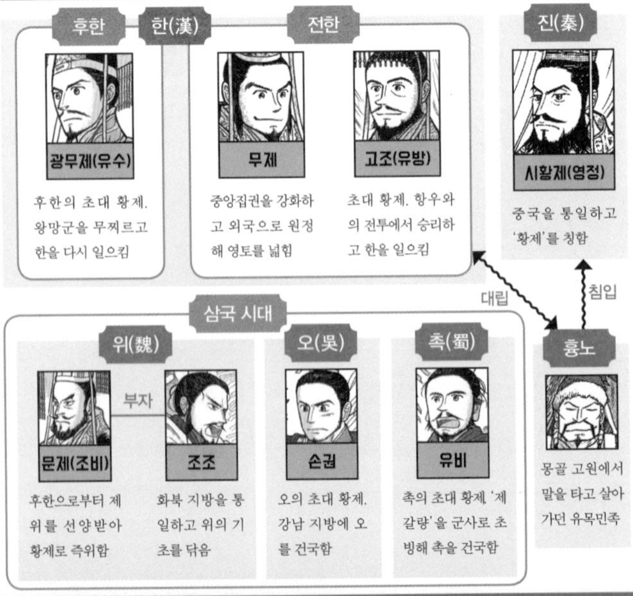

한(漢)

후한 — 광무제(유수): 후한의 초대 황제. 왕망군을 무찌르고 한을 다시 일으킴

전한 — 무제: 중앙집권을 강화하고 외국으로 원정해 영토를 넓힘

전한 — 고조(유방): 초대 황제. 항우와의 전투에서 승리하고 한을 일으킴

진(秦)

시황제(영정) — 중국을 통일하고 '황제'를 칭함

흉노 ↔ 전한: 대립
흉노 → 진: 침입

삼국 시대

위(魏) — 문제(조비): 후한으로부터 제위를 선양받아 황제로 즉위함

위(魏) — 조조: 화북 지방을 통일하고 위의 기초를 닦음 (문제와 부자)

오(吳) — 손권: 오의 초대 황제. 강남 지방에 오를 건국함

촉(蜀) — 유비: 촉의 초대 황제. '제갈량'을 군사로 초빙해 촉을 건국함

흉노 — 몽골 고원에서 말을 타고 살아가던 유목민족

주요 사건

기원전 154년
오초칠국의 난 발생

기원전 27년
로마에서 원수정이 시작됨

기원전 7년경 ~ 기원전 4년 경
예수의 탄생

224년
사산조 페르시아 성립

제3장 번영하는 로마 제국

로마 제국이 세력을 넓히던 이 시기, '옥타비아누스'에 의해 공화정 시대가 끝나고 제정 시대가 시작되었다.

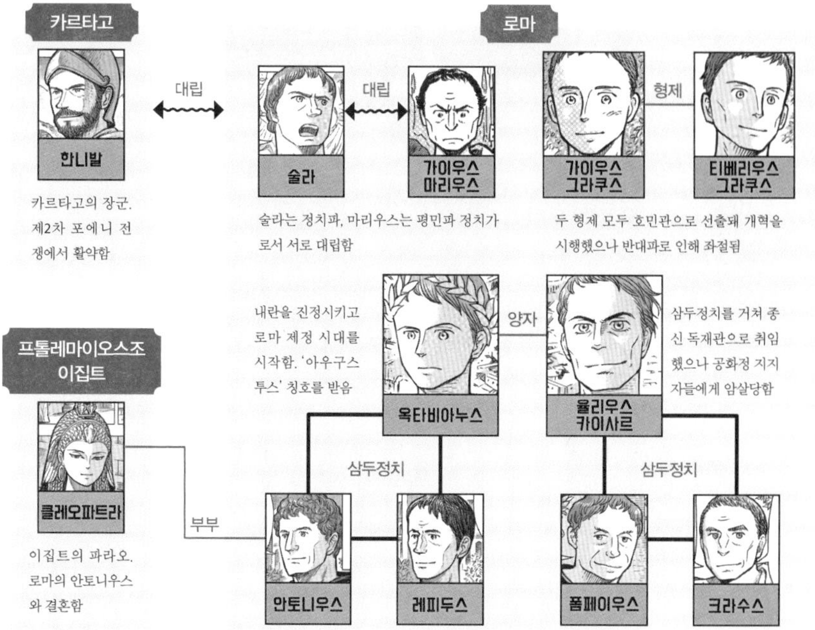

카르타고

한니발 — 카르타고의 장군. 제2차 포에니 전쟁에서 활약함

(한니발 ↔ 대립 ↔ 술라)

로마

술라 ↔ 대립 ↔ **가이우스 마리우스**

술라는 정치파, 마리우스는 평민파 정치가로서 서로 대립함

가이우스 그라쿠스 — 형제 — **티베리우스 그라쿠스**

두 형제 모두 호민관으로 선출돼 개혁을 시행했으나 반대파로 인해 좌절됨

옥타비아누스 — 내란을 진정시키고 로마 제정 시대를 시작함. '아우구스투스' 칭호를 받음

양자

율리우스 카이사르 — 삼두정치를 거쳐 종신 독재관으로 취임했으나 공화정 지지자들에게 암살당함

삼두정치: 옥타비아누스, **안토니우스**, **레피두스**

삼두정치: 율리우스 카이사르, **폼페이우스**, **크라수스**

프톨레마이오스조 이집트

클레오파트라 — 이집트의 파라오. 로마의 안토니우스와 결혼함

(클레오파트라 — 부부 — 안토니우스)

제4장 그리스도교와 쇠퇴하는 로마 제국

로마 제국은 그리스도교를 보호하고 박해하기를 반복하다가 마침내 국교로 받아들였다.

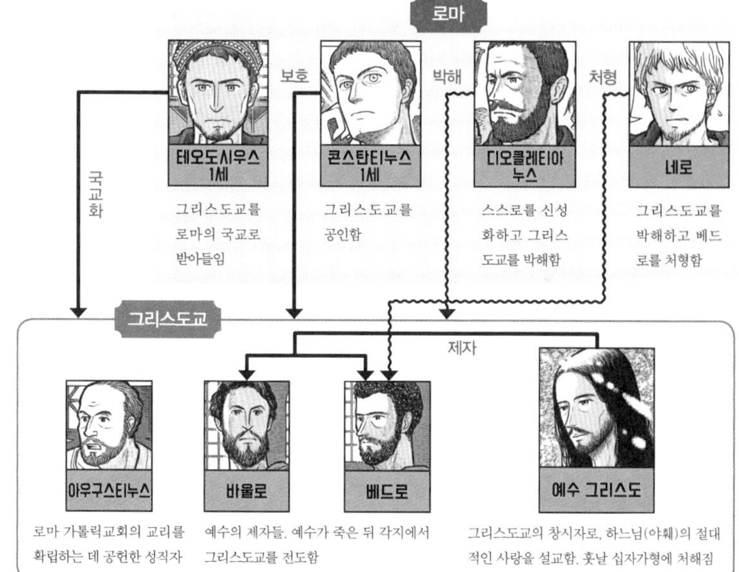

로마
테오도시우스 1세
그리스도교를 로마의 국교로 받아들임
국교화
보호
콘스탄티누스 1세
그리스도교를 공인함
박해
디오클레티아누스
스스로를 신성화하고 그리스도교를 박해함
처형
네로
그리스도교를 박해하고 베드로를 처형함
그리스도교
제자
아우구스티누스
로마 가톨릭교회의 교리를 확립하는 데 공헌한 성직자
바울로
베드로
예수의 제자들. 예수가 죽은 뒤 각지에서 그리스도교를 전도함
예수 그리스도
그리스도교의 창시자로, 하느님(야훼)의 절대적인 사랑을 설교함. 훗날 십자가형에 처해짐

독자 여러분께

3

고대의 대제국(진 · 한과 로마)

도쿄대학 명예 교수 **하네다 마사시**

3 권에서는 기원 전후 유라시아 각지에 생겨났던 제국들의 흥망성쇠를 다룹니다. 여기서 '제국'이란 지배자인 황제가 광활한 영토를 다스리며 통치하는 것을 말합니다. 그 예로 동아시아의 진(秦)과 한(漢), 남아시아의 쿠샨 왕조와 인도의 굽타 왕조, 서아시아의 파르티아와 사산조 페르시아, 지중해 세계의 로마를 들 수 있겠습니다.

이 고대 제국들 중에서도 강력한 왕권 아래 사회와 질서를 오랜 시간 안정적으로 이끈 두 나라가 있습니다. 바로 '한'과 '로마'입니다. 훗날 동아시아와 유럽의 정치 · 법 · 사회구조는 이 두 제국이 택했던 제도에 기반해 만들어집니다. 하지만 제국의 힘은 영원하지 않았습니다. 중앙아시아에 터를 잡고 살던 유목민족이 활발하게 움직이기 시작했고, 여기에 영향을 받은 타민족들이 이동을 시작했기 때문입니다. 곧 그 여파가 제국의 영역에 닿게 되고, 사회는 크게 동요합니다. 이로 인해 거대한 제국들은 결국 멸망에 이르게 되지요.

3 권에서 중요하게 다루는 또 하나의 주제는 바로 '그리스도교'의 탄생과 발전입니다. 그리스도교는 팔레스타인에서 포교를 하던 '예수'로부터 비롯된 종교로, 4세기를 전후해 로마 제국의 유일한 국교로 자리 잡습니다. 이후 그리스도교는 제국 안팎으로 퍼져 나갔습니다.

오늘날까지도 정치와 종교의 관계는 세계사의 큰 주제 중 하나입니다. 3 권에서는 그리스도교가 로마 제국의 정치와 질서를 유지하는 종교로 어떻게 자리 잡았는지 그 모습을 확인해 보시길 바랍니다.

당부의 말씀

- 이 도서의 원서는 일본 문부과학성이 발표한 '2008 개정 학습지도요령'의 이념, '살아가는 힘'을 기반으로 편집되었습니다. 다만 시대상을 반영하려는 저자의 의도적 표현을 제외하고, 역사적 토론이 필요한 표현은 대한민국 국내의 정서를 고려해 완곡하게 수정했습니다.

- 인명 · 지명 · 사건명 등의 명칭은 대한민국 초 · 중 · 고등학교 교과서를 바탕으로 삼되, 여러 도서 · 학술정보를 참고해 상대적으로 친숙한 표현으로 표기했습니다.

- 대체로 사실로 인정되는 역사를 기반으로 구성했습니다. 다만 정확한 기록이 남지 않은 등장인물의 경우, 만화라는 장르를 고려해 쉽고 재미있게 읽을 수 있도록 대화 · 배경 · 의복 등을 임의로 각색했습니다. 또 역사의 흐름을 이해하는 데 도움이 되도록 만화에 가공인물을 등장시켰습니다. 이러한 가공인물에는 별도로 각주를 달아 표기했습니다.

- 연도는 서기로 표기했습니다. 사건의 발생 연도나 인물의 생몰년이 불분명한 경우에는 일반적으로 통용되는 시점을 채택했습니다. 또 인물의 나이는 앞서 통용된 시점을 기준으로 만 나이로 기재했습니다.

- 인물의 나이는 맞춤법에 어긋나더라도 '프리드리히 1세'처럼 이름이 같은 군주의 순서 표기와 헷갈리지 않도록 '숫자 + 살'로 표기했습니다. 예컨대 '스무 살, 40세'는 '20살, 40살'로 표기했습니다.

시대의 흐름을 파악하자! 그림으로 보는 역사 내비게이션

기원 전후의 세계

하네다 마사시 교수님

이 무렵 아시아와 유럽에는 황제가 넓은 영토를 다스리는 '제국'이 생겨났습니다. 한편 서아시아에서는 '예수'라는 종교가가 훗날 전 세계에 커다란 영향을 줄 가르침을 설파했습니다.

기마민족 흉노의 약화
(기원전 100년경)

몽골 고원의 유목민족인 이들은 제국을 세웠으나 한(漢) '무제'의 공격으로 분열되어 세력이 약해짐

테오티우아칸 문명
(기원 전후 무렵)

태양의 피라미드를 건설하고 깃털 달린 뱀을 신으로 모심

왜노가 금인을 하사받음(57년)

후한(後漢)의 '광무제'가 왜노(일본)의 조공을 받고 금으로 만들어진 도장을 하사함

마야 문명의 도시 번영
(선고전기 후기)

과테말라에 존재했던 도시 엘 미라도르에 대신전이 건설됨. 이후 엘 미라도르는 마야 문명의 중심지로 번영함

후한(後漢) 건국
(25년)

D

광무제가 낙양을 도읍으로 정하고 후한을 세움

① 한(漢)과 로마는 굉장히 넓은 영토를 지배했네요.

② 광활한 영토와 다양한 민족을 지배하는 나라를 '제국'이라고 부르죠. 그 두 나라는 황제의 지배력이 막강했기에 대표적인 고대 제국으로 여겨진답니다.

③ 이 시기에 로마 제국이 지배하던 팔레스타인에서 그리스도교가 창시된 거로군요.

④ 네, 그리스도교는 예수의 제자들이 로마 제국 안팎에서 포교 활동을 벌이던 초기에는 박해를 받았지만 이후에는 받아들여지면서 크게 발전했어요.

로마에서 제정 시작 (기원전 27년) **A**

'아우구스투스'가 공화정을 폐지하고 사실상 제정※에 가까운 원수정을 실시함

※ 황제가 다스리는 정치 체제를 말함

그리스도교의 탄생(30년경) **B**

'예수'의 가르침과 그의 부활을 믿는 사람들을 중심으로 그리스도교가 창시됨

파라오 '클레오파트라'의 죽음(기원전 30년)

악티움 해전에서 패배한 클레오파트라가 목숨을 끊으면서 프톨레마이오스조 이집트가 멸망함

쿠샨 제국 건국(1세기경) **C**

2세기경 중개무역으로 번성하던 쿠샨 제국은 '카니슈카 1세' 대에 전성기를 맞이함

◀ 다음 페이지에서 자세한 설명을 확인하세요

A

로마의 번영

로마 제국은 아우구스투스가 즉위한 이래로 약 200년 동안 '로마의 평화(팍스 로마나, Pax Romana)'라고 불리는 번영의 시대를 맞이했다. 로마 제국은 이 시기에 도로와 수도교, 공공시설 등을 정비했다.

예수의 가르침

B

예수는 사람들에게 하나님의 절대적인 사랑을 알리고 이웃에 대한 공경을 가르쳤으나, 유대교 율법학자들과 대립해 처형당했다. 이후 예수를 구세주로 여기며 그의 가르침을 믿는 그리스도교가 탄생했다. 제자인 '베드로'와 '바울로'는 그리스도교를 널리 포교했다.

C

쿠샨 제국에 확산된 불교

쿠샨 제국은 1세기경에 건국돼 중앙아시아 및 인도 서북부를 차지한 나라로, 2세기경 카니슈카 1세가 집권하며 전성기를 맞이했다. 이 시기 대승불교가 탄생하고 융성하면서 인더스 강 유역의 간다라 지방을 중심으로 많은 불상이 제작되었다.

전성기를 맞이한 한(漢)

D

한(漢)은 '무제' 통치기에 전성기를 맞이했다. 그는 충실하게 나라를 다스리는 한편 유목 민족인 흉노를 토벌하는 데도 힘써 영토를 넓혔다. 이후 한은 그 명맥이 잠시 끊어졌으나, 이윽고 '광무제'가 나라를 다시 일으켜 220년까지 이어졌다.

세계를
한눈에!

3 파노라마 연표(기원전 2세기~400년)

남 · 동남아시아	북 · 동아시아	일본	
	주(周)		
	전국 시대 시작(기원전 403년~기원전 221년)		
마우리아 제국 성립(기원전 317년경) **찬드라굽타 마우리아**(기원전 317년~기원전 296년)		일본 열도에 벼농사와 청동기 · 철기가 전해짐	야요이 시대
아소카(기원전 268년~기원전 232년) ○상좌부 불교 형성	멸망(기원전 256년) **진(秦)** 건국(기원전 221년) 멸망(기원전 206년) **시황제[영정]**(기원전 221년~기원전 210년) **흉노** 건국(기원전 3세기경) **묵돌**(기원전 209년~기원전 174년)		
멸망(기원전 180년경)	**한(전한)** 건국(기원전 202년) **고조[유방]**(기원전 202년~기원전 195년) **무제**(기원전 141년~기원전 87년)		
사타바하나 제국 성립(기원전 1세기경)	○장건 서역으로 파견됨 ○사마천 「사기」 완성 ○불교가 중국에 전래됨 멸망(8년) 동서 분열(기원전 1세기 중반)		
쿠샨 제국 건국(1세기경)	**신(新)** 건국(8년) / 멸망(23년) **후한** 재건(25년) **광무제[유수]**(25년~57년)	왜노국의 왕이 후한에 사자를 파견함(57년)	
카니슈카 1세(130년경~170년경) ○대승 불교 형성 ○간다라 미술의 융성	황건적의 난(184년)		
	멸망(220년) **위진 남북조 시대** 위(魏) · 촉(蜀) · 오(吳) 3국으로 분립됨 오 멸망, 서진(西晉)의 중국 통일(280년)	야마타이국의 **히미코**가 위(魏)에 사자를 파견함(239년)	
멸망(3세기경) 멸망(3세기경) **굽타 제국** 건국(320년경) ○아잔타 석굴 사원 건립 **찬드라굽타 2세**(376년경~414년경)	5호 16국 시대(304년~439년) 동진(東晉) 건국(317년~420년)		고훈 시대
○승려 **법현**의 인도 방문 ○날란다 대승원 건립	강남에 송(宋)이 건국됨 / 남조(420년) 북위가 화북을 통일함 / 북조(439년)		
멸망(550년경)	**수(隋)** 건국(581년)	**쇼토쿠 태자**가 **스이코 천황**의 섭정을 맡음(593년)	아스카 시대
바르다나 왕조 건국(606년) **하르샤 바르다나**(606년~647년)			

[잠깐!] '예수'의 생몰년은 불분명합니다.

■ : 나라 · 왕조　붉은 글자 : 전투 · 전쟁　■ : 조약 · 회의　👤 : 주요 통치자(재위 · 재직 기간)

• 시간의 흐름에 따라 서술한 연표로, 생략된 시대 · 사건이 있습니다.

연대	그리스 · 로마 · 유럽	서아시아
기원전 6세기	**카르타고** **로마** 공화정 시작(기원전 509년) **그리스(폴리스 시대)**	**아케메네스조 페르시아**
기원전 5세기	「12표법」 제정(기원전 450년경) 페르시아 전쟁(기원전 500년 ~기원전 449년)	
기원전 4세기	「리키니우스–섹스티우스법」 제정(기원전 367년) **마케도니아** 👤알렉산드로스 3세(기원전 336년~기원전 323년)	**프톨레마이오스 왕가** **셀레우코스 제국**
기원전 3세기	「호르텐시우스법」 제정(기원전 287년) 포에니 전쟁(기원전 264년 ~기원전 146년) **안티고노스 왕가** 건국(기원전 276년)	프톨레마이오스 왕가 성립(기원전 304년) 셀레우코스 제국 건국(기원전 312년) **파르티아** 건국(기원전 248년) **박트리아** 건국(기원전 255년경)
기원전 2세기	카르타고 멸망(기원전 146년) 안티고노스 왕가 멸망(기원전 168년) 그라쿠스 형제의 개혁(기원전 133년~기원전 121년) 아카이아 동맹(기원전 146년) ○ 로마에 대패해 동맹이 해체됨	박트리아 멸망(기원전 145년경)
기원전 1세기	제1차 삼두정치(기원전 60년) 원수정(제정) 시작(기원전 27년) 👤아우구스투스(기원전 27년~14년) 예수 탄생(기원전 7년경/기원전 4년경~30년경) 그리스: 정식으로 로마의 속주가 됨(기원전 27년)	👤클레오파트라(기원전 51년~기원전 30년) 프톨레마이오스 왕가: 로마의 속주가 됨(기원전 30년) 셀레우코스 제국: 로마의 속주가 됨(기원전 64
기원 원년	예수가 처형됨(30년경) 황제 네로의 그리스도교인 박해(64년) 5현제 시대 시작(96년~180년)	
100년		
200년	군인 황제 시대 시작(235년~284년) 👤디오클레티아누스(284년~305년) / 전제군주정 시작	파르티아 멸망(224년) **사산조 페르시아** 건국(224년) 👤샤푸르 1세(241년경~272년경) ○조로아스터교(국교)
300년	👤콘스탄티누스 1세(306년~337년) 밀라노 칙령(313년) 제1차 니케아 공의회(325년) 그리스도교를 국교로 선포(392년) 로마 제국이 동서로 분열됨(395년)	○쿠샨 왕조를 멸망시킴
400년	**서로마 제국** 멸망(476년) **동로마 제국**	○에프탈의 침입
500년		○사산조 페르시아의 전성기 👤호스로 1세(531년~579년)
600년		사산조 페르시아 멸망(651년)

▒ 이 책에서 다루지 않는 역사

하루 한 권 학습만화

세계의 역사 3

고대의 대제국(진 · 한과 로마)
(기원전 2세기 ~ 400년)

목 차

〈자켓 및 표지〉 곤도 가쓰야(스튜디오 지브리)

제 2 장

제 3 장

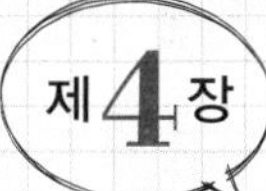
제 4 장

글로벌한 관점으로 세계를 이해하자!

세계사 내비게이터

하네다 마사시 교수

일본판 도서를 감수한 도쿄대학의 명예 교수. 세계적인 역사학자로 유명함

〈일러스트〉 우에지 유호

만약에

하네다 마사시 교수님

각 시대의 황제들이 레드 카펫 위를 걷는다면…!?

저는 지금 황제 정상회담에 앞서 개최된 기념식 현장에 나와 있습니다!

방금 들어온 소식에 따르면 오늘 행사의 VIP가 곧 도착한다고 하는데요!

오늘의 특별 해설자이신 하네다 교수님, 오늘 어떤 분들이 참석하시나요?

와글 와글

찰칵 찰칵

기원전 250년부터 기원후 300년에 활약했던 군주들입니다!

이들은 다른 왕들의 위에 군림했기에 오늘날 '황제'라고 불리고 있죠!

아! 그런 분들을 '황제'라고 부르는 거군요!
그야말로 '왕 중의 왕'이라는 말에 알맞은 분들입니다!
거대한 제국을 구축한 이들은 세계사에서 빼놓을 수 없는 인물들이죠.

찰칵
찰칵
끼-익-
왔다!
누구지?
秦
앗,
드디어 한 분이 도착하셨습니다!

중국 역사상 최초로 황제라는 칭호를 사용하셨던 시황제께서 가장 먼저 도착 하셨습니다!
찰칵
찰칵
찰칵
아, 저 분이 '시황제' 군요!
두둥—
시황제 진의 초대 황제
기원전 259년~기원전 210년
시황제는 오랜 세월 계속되던 전국 시대를 끝내고 중국을 통일한 인물입니다.
이후 그는 군현제※를 실시하고 법가 사상을 통치 이념으로 내세웠죠!
또 제각각이었던 도량형과 문자를 통일했습니다!
역시 '왕 중의 왕'!
후훗
※ 전국을 36군으로 나눈 뒤, 조정에서 관리를 파견해 행정을 맡기는 중앙집권적 지방조직법
경호원들이 저렇게나 많다니… 멋있긴 하지만 조금 무섭네요.
병마용처럼 생겼네요.
그렇다! 전국 칠웅을 통일한 짐이야말로 진정한 지배자라 할 수 있지!

스ㅡㅡㅡ윽

찰찰 칵칵

오! 리무진이 들어옵니다! 이번에는 누구실까요?

안녕하신가, 여러분!

로마의 독재관 '카이사르' 님입니다!

사랑해요 ♡

꺄악!

愛LOVE 카이사르

카이사르님!

까아아

꺄-악

이쪽도 부탁드려요!

찰카닥

여기 좀 봐주세요!

찰칵

굉장한 인기네요!

율리우스 카이사르

기원전 100년~기원전 44년

카이사르 님은 당대에 엄청난 인기를 누리던 분이시죠.
그는 다른 두 명의 유명 정치가와 함께 '삼두정치'를 펼쳤는데,
그 후 독재관에 올라 로마의 권력을 장악했습니다.
폼페이우스
카이사르
그라쿠스

잠깐… 로마는 군주가 없는 공화제 국가 아니었나요?
음?
그런데 카이사르 님이 독재관이셨다고요?
맞는 말이오.
그러니 엄밀히 말해 '왕 중의 왕'이라 할 수는 없겠지.
후후후
아니, 그… 죄송합니다!
깜짝

훗날 카이사르 님은 로마어로 개선장군을 뜻하는 '임페라토르' 칭호를 받으셨죠.
오늘날의 영단어 'Emperor(황제)'는 이 칭호에서 유래되었답니다.
호오, 그렇소?
역시 카이사르 님을 빼고는 '왕 중의 왕'을 논할 수 없죠!

царь (차르)
Kaiser (카이저)
또 황제를 뜻하는 러시아어 '차르'와 독일어 '카이저'는
카이사르 님의 이름에서 따온 단어입니다.

황제가 아니었던 내가 '황제'의 어원이 되다니.
호오…
상당히 흥미롭군!!

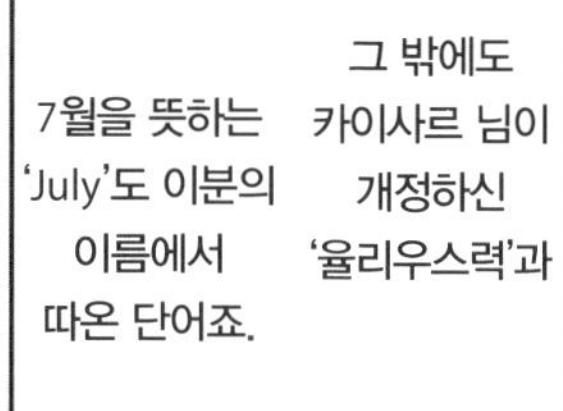
그 밖에도 카이사르 님이 개정하신 '율리우스력'과
7월을 뜻하는 'July'도 이분의 이름에서 따온 단어죠.

카이사르 율리우스 가이우스
Gaius Iulius Caesar
오오…

아버님, 과장이 심하십니다.
후…
짜―안
그럴 줄 알고 데려왔다네!
나와 달리 진짜 '왕 중의 왕'이지!

참고로 8월을 뜻하는 'August'는 카이사르 님의 후계자인 '아우구스투스' 님의 이름에서 유래되었는데요….
두리번 두리번
오늘 안 오셨나?

'왕 중의 왕'이라니 가당치도 않습니다.
저는 어디까지나 '프린켑스'※에 불과한 걸요.
아우구스투스
본명은 옥타비아누스
로마의 초대 황제
기원전 63년~14년

※ 고대 로마에서 가장 권력이 강한 인물에게 붙이던 칭호. '제1시민, 최고위 귀족'을 의미함

본인은 프린켑스라고 하지만…
상당히 전략적인 사람일지도 몰라요.
!!
호오

로마는 군주가 없는 공화제 국가였으나 아우구스투스 시대부터 황제가 다스리는 '제정'이 시작되었습니다.
소곤소곤
쫑긋

그저 원로원과 힘을 합쳐 로마의 적을 무찔렀을 뿐입니다.
시원 시원

그럼 솔직한 답변 부탁드립니다!
어떻게 황제가 되신 거죠?!
이건 꼭 물어봐야 해!
나도 궁금하군.
그러게요.
생글
생글

부르르릉!!

The King of Kings

사산조 페르시아

뭐지?!

누구세요?!

절대로 따라 하지 마세요!

척!!

샤푸르 1세

사산조 페르시아
제2대 샤한샤
?~272년경

보아라!

이게 다 내가 정복한 영토다!

이 몸은 사산조 페르시아의 '샤푸르 1세'다!

에프탈

카스피해

흑해

사산조 페르시아

지중해

아라비아 반도

보시다시피 그는 스스로를 '왕 중의 왕(샤한샤)'이라고 불렀죠.

짐보다 화려한 놈은 용납할 수 없다!

샤푸르 1세는 이란 고원 남부에 수립된 사산조 페르시아의 제2대 샤한샤입니다.

나는 타국의 왕들을 조송하기도 했으니 '왕 중의 왕'이라고 불릴 만하지!

하지만 나는 로마 제국의 황제를 포로로 붙잡은 데다,
죽을 때까지 풀어주지 않았어!
잡혀버렸나…
그래! 우리나라와 로마 제국은 서로 엎치락뒤치락 해왔지!
크윽
로마 제국
사산조 페르시아
참고로 사산조 페르시아는 로마 제국과도 여러 번 전투를 벌였답니다.

즉, 우리 사산조 페르시아가 로마 제국보다 강했다 이 말이야!
흥, 하지만 내가 상대했다면 어림도 없었네.
…
빠직
그래 봤자 짐의 발끝에도 못 미치는 것들이 큰 소리는!
흥!!
덤벼!
누가 가장 강한지!
여기서 끝장을 보자!
나야!
짐 이야!
나요!

아… 역시 '왕 중의 왕'들이라 그런지 절대 굽히지 않는 분들이군요.
이제 싸울 나이는 지났을 텐데 말입니다.

자,
그럼 지금부터 '왕 중의 왕'이 어떻게 생겨났는지 살펴보도록 할까요?
먼저 샤푸르 1세가 등장하는 서아시아부터 시작해 봅시다!
여러분 많이 기대해 주세요!

기원 전후
서아시아와
남아시아에는
강력한 왕권을
가진 국가들이
세워지고 새로운
종교가 탄생했다.
제 1 장 서아시아 · 남아시아 왕조의 흥망성쇠

자,
우리의 힘을
저들에게
보여 주자!

알렉산드로스 3세
마케도니아 바실레우스

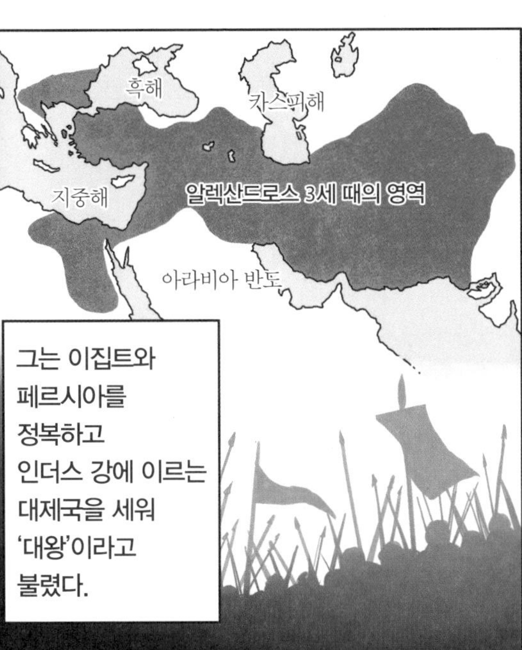
흑해
카스피해
지중해
알렉산드로스 3세 때의 영역
아라비아 반도
그는 이집트와
페르시아를
정복하고
인더스 강에 이르는
대제국을 세워
'대왕'이라고
불렸다.

와아!
특히 서아시아에서는
'알렉산드로스 3세'의
죽음을 계기로
여러 국가가 난립했다.

허억
허억
내 꿈은 여기서 멈추고 마는가…

그러나 기원전 323년 바빌론
허억
허억
허억
전하!

전하!
그해 6월 10일 알렉산드로스 3세가 세상을 떠났다.

대왕께서 정복하신 영토는 너무나 광대하다. 이처럼 갑작스럽게 돌아가시다니.
대왕의 후계자 자리를 두고 다툼이 벌어질 게 분명해!
셀레우코스
마케도니아의 장군

그렇다면 나도…!

전하의 뒤는
내가 잇겠다!
알렉산드로스 3세가 눈을 감자 그의 부하들은 디아도코이 전쟁[※1]을 일으켰고

※1 '디아도코이'는 '후계자'를 뜻하는 그리스어

그 중 두각을 보인 군인들에 의해
제국은 여러 나라로 분열되었다.
안티고노스 1세
프톨레마이오스 1세
셀레우코스 1세

안티고노스조 마케도니아[※2]

흑해

카스피해

지중해

바빌론

알렉산드리아

셀레우코스 제국

프톨레마이오스조 이집트

서아시아에서는 기원전 312년에 셀레우코스 1세가 셀레우코스 제국을,

이집트에서는 기원전 304년에 프톨레마이오스 1세가 프톨레마이오스조 이집트를 세웠다.

벌써 11년이 흘렀나…

대왕께서 정복하셨던 페르시아 영토 대부분은

이제 내가 차지했다.

셀레우코스 1세

※2 안티고노스 1세는 이 전쟁에서 패배해 그의 아들이 마케도니아를 차지함

알렉산드로스 대왕의 드넓은 영토도 다 옛날 이야기가 되었군요.
폐하, 프톨레마이오스 1세가 이집트에 나라를 세웠다고 합니다.

흑해
카스피해
지중해
파르티아
박트리아
셀레우코스 제국
프톨레마이오스조 이집트

기원전 3세기 중반 서아시아 각지에 셀레우코스 제국으로부터 독립하고자 하는 세력들이 등장했다.

아르사케스

기원전 248년경에는 이란 고원 동북부에 살던

이란계 유목민족인 파르니족의 수장 '아르사케스'가 파르티아를 세우고 샤한샤로 즉위했다.

기원전 255년경에는 알렉산드로스 3세에게 이끌려온 그리스인의 후손들이 아무다리야 강 상류에 박트리아를 건국했고,

독립하자!

우리들의 나라를 세우자!

파르티아의 어느 영토
샤한샤 후손
두두두두두두두두두두두......
다들 솜씨가 훌륭하군.

드디어 바빌론을 공격하는 겁니까?
흠, 이 정도면 셀레우코스 제국에도 지지 않겠어.
뭐, 평야에서 말을 타고 살아가던 우리들이니
궁술과 승마술은 누구에게도 뒤지지 않습니다.

기원전 2세기 중반 파르티아군이 셀레우코스 제국을 침공했다.

파르티아군

두두두두 두두두두두두

다들 조심해! 파르티아의 기병대다!

셀레우코스군

와아-!

크악

푸욱

이 자식들이!

으윽!

두두두두두두두두 두두두…
뒤에서 창으로 찔러라!
쫓아라!
피슝!!
우악!!
저런 자세※로 활을 쏘다니…!
…파르티안 샷!!

※ 파르티아를 비롯한 유목민족들이 말에 탄 채로 뒤쪽으로 활을 쏘던 기술

기원전 2세기 후반 파르티아는 셀레우코스 제국으로부터 메소포타미아를 빼앗았다.
흑해
메소포타미아
아무다리야 강
카스피해
아나톨리아 반도
헤카톰필로스
파르티아
시리아
크테시폰
페르세폴리스
아라비아해
제군들, 호방했다!

파르티아는 계속해서 서쪽으로 진군해
다음 목표는 시리아다! 이대로 밀고 나가자!
예!

지중해 연안을
손에 넣은
로마 제국과
격돌했다.
ROMA

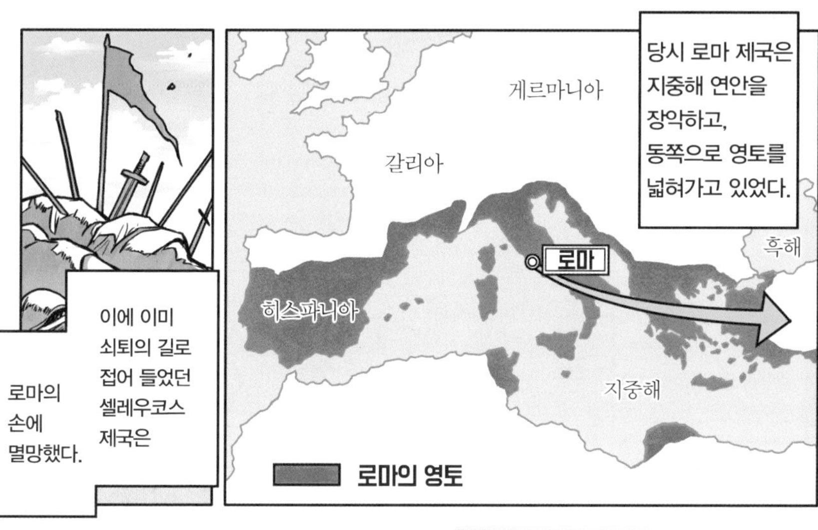
당시 로마 제국은
지중해 연안을
장악하고,
동쪽으로 영토를
넓혀가고 있었다.
게르마니아
갈리아
흑해
로마
히스파니아
지중해
로마의 영토
이에 이미
쇠퇴의 길로
접어 들었던
셀레우코스
제국은
로마의
손에
멸망했다.

그렇게 로마 제국과
파르티아는
국경을 사이에 두고
여러 번 격돌했는데…
로마군
파르티아군
카스피해
흑해
지중해
크테시폰
바빌론
로마 놈들
우리와 실력이
비슷한데?
얕보면
안 되겠어.
로마가
이곳까지
진출한
비결을
알겠군.

저 멀리 동방의 한(漢)과 무역해 얻은 막대한 자금이 있으니 말이야.
하지만 우리에겐 동서를 잇는 무역로가 있다.
로마에 질 리가 없어.

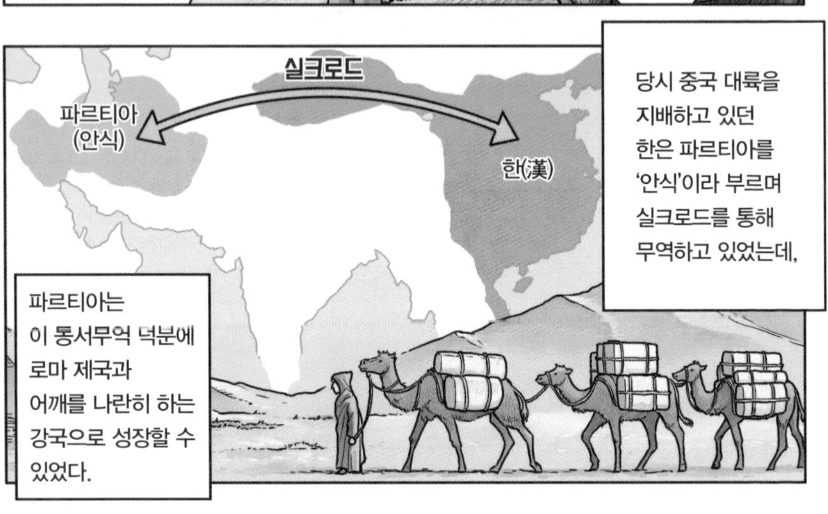
실크로드
파르티아 (안식)
한(漢)
당시 중국 대륙을 지배하고 있던 한은 파르티아를 '안식'이라 부르며 실크로드를 통해 무역하고 있었는데,
파르티아는 이 동서무역 덕분에 로마 제국과 어깨를 나란히 하는 강국으로 성장할 수 있었다.

이로 인해 건국 초기 그리스 문명의 영향을 받은 파르티아는 비문이나 화폐에 그리스어를 사용했다.

한편 이란 고원에는 기원전 4세기 후반부터 그리스인이 다수 유입되었다.
알렉산드로스 3세의 동방원정을 따라온 이들이 자리를 잡은 것이다.

게다가 언어 면에서도 기원전 1세기경에 보급된 아람 문자※1와 페르시아어가 그리스어를 대체하면서

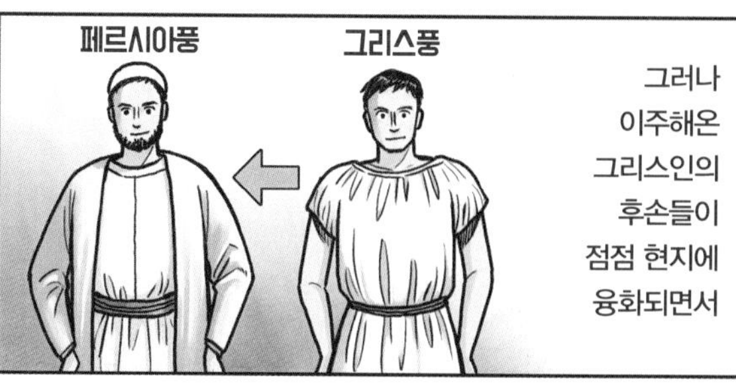
페르시아풍
그리스풍
그러나 이주해온 그리스인의 후손들이 점점 현지에 융화되면서

파르티아의 문화와 종교 역시 서서히 그리스풍을 대신해 페르시아풍이 주류를 이루게 되었다.
우리 선조들의 문화는 그리스풍이었는데…
정들면 고향이라잖아. 이제는 여기 문화가 훨씬 익숙하다고.

※1 서아시아의 무역을 주도하던 아람인에 의해 보편화된 표음문자

그렇게 전성기를 맞이한 파르티아에 한 인물이 반발하며 이란 고원에 그 모습을 드러냈다.
우리는 이제부터 파르티아의 지배를 받지 않겠다!
아르다시르 1세
파르스의 분봉왕※2

그리스 문화는 쇠퇴하게 되었다.

※2 한 국가의 4분의 1을 통치하던 왕이나 영주를 말함

지금이
독립할
절호의
기회야!

예? 하지만 전하,
이미 선왕께서도 실패하신 일이 아니옵니까….
나도 알아!
하지만 놈들은 지금 로마와 전쟁을 치르느라 쇠약해져 있어.

두두두두두두두두…
와아—!!
후퇴다!!

224년 이스파한 북쪽의 호르모즈드간 평원에서 파르스군과 파르티아군이 전투를 벌였다.

아르다시르 1세는 파르스군을 지휘해 파르티아를 멸망시킨 뒤

티그리스 강
카스피해
유프라테스 강
크테시폰
예루살렘
페르시아 만
아라비아 반도
아라비아해

크테시폰을 수도로 삼고 '사산조 페르시아'를 건국했다.

전하의 말씀대로 파르티아군이 약해져 있다!
모두 쓸어 버리자!
오오!!

나는 오늘부로
스스로를
'샤한샤'라
칭하고
모든 땅과
모든 사람을
지배할
것이다.

아니 짐은
선황 폐하를
뛰어넘을
것이다.
예?

샤한샤를
칭한 선황을
본받아
폐하께서도
훌륭한
샤한샤가
되시기를…

그 후
아르다시르
1세의 아들인
'샤푸르 1세'가
황위에 올랐다.

그,
그 말씀은
타국을
지배한다는
…
뭐…
두고
보거라.

나는
전 세계를
다스리는
'왕 중의 왕'이
되고자 한다!
샤푸르 1세
제2대 샤한샤

동쪽의 쿠샨 제국에게서 인더스 강 서쪽 유역을 빼앗았다!

이후 샤푸르 1세는 제국의 영토를 넓혀 나갔다.

아무다리아 강

카스피해

흑해

사산조 페르시아

크테시폰

인더스 강

아라비아해

그러던 243년

페르시아의 지중해 진출을 경계하고 있던 로마 제국이 나섰다.

최근 페르시아의 움직임이 심상치 않다.

고르디아누스 3세
로마 제국 황제

로마의 명예를 걸고 페르시아를 물리칠 것이다!

위대한 로마의 영토인 지중해 연안에는 얼씬도 못 하게 하겠습니다!

페르시아 놈들을 혼내주겠습니다!

이 즈음 로마 제국은 군대의 지지를 받는 사령관이 황제로 즉위하는 '군인황제 시대'를 맞이한 상태였다.

와아아아아아
양국은 244년, 메시케에서 충돌했다.
이렇게 지는 건가?
우리 로마군이 페르시아군에 밀리다니!

차기 로마 황제가 평화조약을 맺자고 합니다.

좋아. 그 대신 배상금을 왕창 뜯어 내주지.

로마군을 지휘하던 고르디아누스 3세는 전사했고,

메시케 전투는 사산조 페르시아의 승리로 끝이 났다.

와아!!
시간이 흘러 260년 로마 제국은 주도권을 되찾아오기 위해
전투를 일으켰으나
또다시 사산조 페르시아가 승리를 거머쥐게 되었다. (에데사 전투)

흑
…
발레리아누스
로마 황제

터벅…

폐하!
로마 제국의
황제를
생포했습니다!
당장
끌고 와라,
당장!

로마 제국의
황제를 포로로
잡는 날이
올 줄이야!
황제가 적국에
포로로 잡힌 건
로마 역사상
발레리아누스가
최초였기에

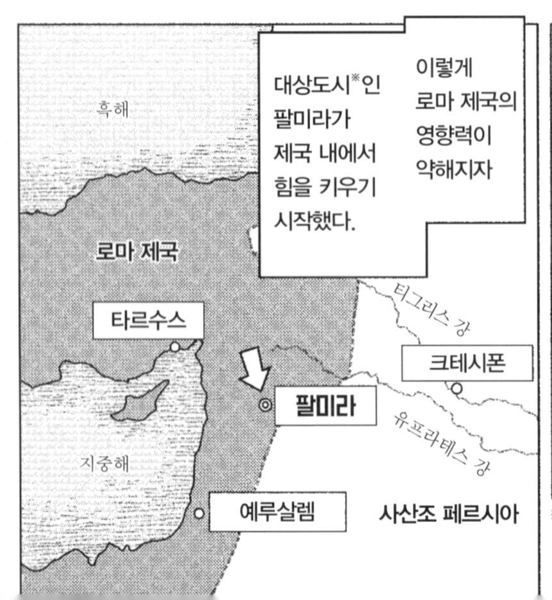
이렇게
로마 제국의
영향력이
약해지자
대상도시※인
팔미라가
제국 내에서
힘을 키우기
시작했다.
흑해
로마 제국
타르수스
티그리스 강
크테시폰
팔미라
유프라테스 강
지중해
예루살렘
사산조 페르시아

로마 제국은
큰 혼란에
빠졌다.

※ 상인이 오가는 도로나 하천을 따라 기다란 띠 모양으로 형성된 도시

우리가
샤푸르 1세의
군대를
몰아내고,
메소포타
미아로
쳐들어가니
로마 제국이
고마워
어쩔 줄을
모르는군,
그래!
셉티미우스 오데나투스
팔미라의 권력자

우리 팔미라는
상인들이 오가는
길목에 있어
재정이 넉넉하고
병력도
충분하다.
그런 우리가
왜 로마의
비위를 맞춰야
하지?
제노비아
셉티미우스의 아내
오오…!!

내 아들을 왕으로
추대하고 '팔미라 제국'이
되었음을 선포한다.
이집트와 아나톨리아
반도를 침공할
준비를 서둘러라.
로,
로마가
가만히
있을
까요?
이후
셉티미우스가
암살되자,
제노비아는
아들인
'와발라트'를
후계자로
세우고
실권을 잡았다.

하지만 로마 제국은
사산조 페르시아와의
전쟁으로
약해져 있었기에
일단은 팔미라에
개입하지 않았다.
전하, 우리가 로마 제국의 동쪽 지역을 손에 넣었답니다.
예, 어머니!

참고로 강력한 여성 군주가
활약하던 이 시기,
우연의 일치인지
일본에서도 '히미코'※라는
여성 군주가 나라를 다스렸다.
※ 일본의 고대 국가인 야마타이국의 여왕

그러나 272년
세력을 회복한
로마 제국이
팔미라 제국을
공격했고,
제노비아는
포로로
붙잡혔다.

비록 이때 도시는
파괴되었지만 남아
있는 유적을 통해
번영했던 팔미라를
짐작할 수 있다.

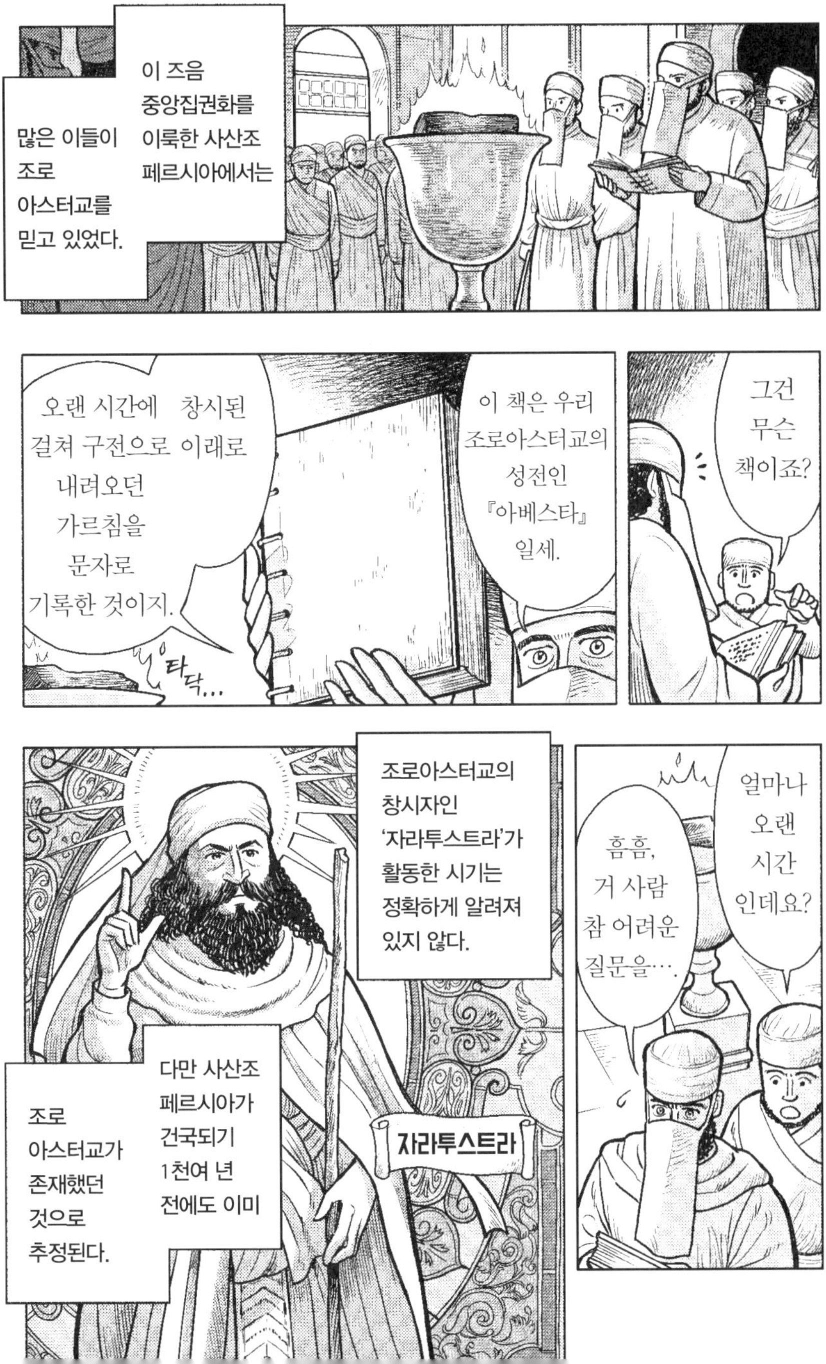

이 즈음 중앙집권화를 이룩한 사산조 페르시아에서는
많은 이들이 조로아스터교를 믿고 있었다.

그건 무슨 책이죠?
이 책은 우리 조로아스터교의 성전인 『아베스타』일세.
창시된 이래로
오랜 시간에 걸쳐 구전으로 내려오던 가르침을 문자로 기록한 것이지.
타닥…

조로아스터교의 창시자인 '자라투스트라'가 활동한 시기는 정확하게 알려져 있지 않다.

자라투스트라

다만 사산조 페르시아가 건국되기 1천여 년 전에도 이미

조로아스터교가 존재했던 것으로 추정된다.

얼마나 오랜 시간인데요?

흠흠, 거 사람 참 어려운 질문을…

※1 세상은 '선'과 '악' 두 가지 근원으로 구분된다는 믿음
※2 세상에 종말이 찾아오면 신이 인간을 심판하는데, 이때 생전의 행실에 따라 천국행과 지옥행이 정해진다는 믿음

조로아스터교는 오랜 역사를 지닌 만큼 여러 종교에 영향을 주었는데,
조로아스터교
유대교
그리스도교
이슬람교
대표적으로 '선악 이원론'※1과 '최후의 심판론'※2이 있다.

사산조 페르시아는 다른 종교를 비교적 관대하게 대했으나, 마니교는 예외였다.
이렇게 만나 뵙게 되어 영광입니다, 폐하.
마니
마니교 창시자

조로아스터교, 유대교, 기독교 그리고 불교인가….
이 모든 종교를 합친 너의 사상은 재미있구나.

저는 바빌로니아에서 태어나 인도를 비롯한 각지를 여행하며 계시를 받았습니다.

그대가 새로운 종교를 전파하고 있다지.
예.
샤푸르 1세

샤푸르 1세도
마니교에
귀의※했다고
전해지지만,
폐하의
환심을
사다니….
자유롭게
가르침을
전파하도록
하라.
예.

※ 종교적 절대자나 종교적 진리를 깊이 믿고 의지하는 일

다음 샤한샤라네.
마니교는
위험
합니다!

이 나라의
국교는
조로아스터교
입니다!
저런
이교도는
배척해야
합니다!

샤푸르 1세가 죽은 뒤
조로아스터교의 신관들은
마니교를 배척해야 한다고
주장했다.

아무래도
조정에서는
마니교를
탄압할
작정인가 봐.
우리 같은
마니교 신자들은
외국으로 떠나는
편이 낫겠어.

그렇게
276년경
마니가
처형되었다.
마니 님이
돌아
가셨다고?!
처형
당하셨대.

마니교는
페르시아에선
박해받았지만,
이후
북아프리카와
유럽※1,
중앙아시아로
전파되었고
당(唐) 대에
들어서는
중국 대륙
에도 사원이
세워졌다.

※1 로마 가톨릭교회의 교리를 확립한 성직자 '아우구스티누스'와 중세 남유럽에서 세력을 키운 종파 '카타리파' 등 그리스도교에도 영향을 줌

흠, 이건 동쪽의
한(漢)으로
가져가
봐야겠다.
훌륭한
물건이야!
로마 제국에
가져가면
틀림없이
비싸게
팔리겠지.

한편 사산조 페르시아는
미술 · 공예 등의 분야에서
독자적인 발전을 이루었는데,
페르시아와 그리스 문화가
융합되면서 세련된 디자인이
생겨났다.

이 병들은 서로 다른
지역에서 제작되었으나
비슷한 특징을 가지고 있어,
당대의 작품과 기술이
동서무역을 통해 널리
전파되었음을 알 수 있다.

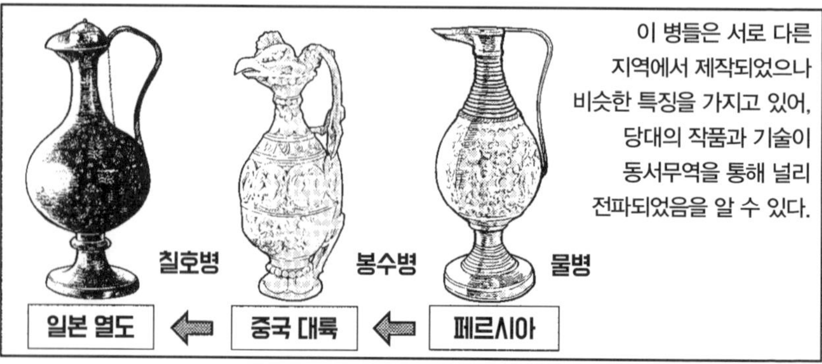
칠호병
봉수병
물병
일본 열도
중국 대륙
페르시아

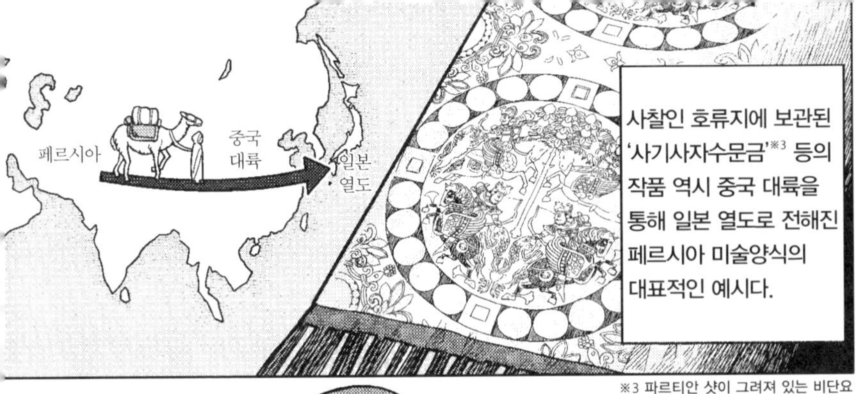
페르시아
중국
대륙
일본
열도
사찰인 호류지에 보관된 '사기사자수문금'※3 등의 작품 역시 중국 대륙을 통해 일본 열도로 전해진 페르시아 미술양식의 대표적인 예시다.

※3 파르티안 샷이 그려져 있는 비단요

5세기에 들어 사산조 페르시아는 유목민족인 에프탈 때문에 골머리를 앓았는데,
에프탈
사산조 페르시아
크테시폰
이는 6세기의 샤한샤 '호스로 1세' 시대까지 이어졌다.
동쪽의 에프탈이 우리를 계속 괴롭히는군….
무슨 좋은 수가 없을까?
호스로 1세

돈은 들겠지만 에프탈에 공물을 보내면 잠잠해질 것이옵니다.
그럼 차라리 다른 약소국 측에 지시해 공물을 바치게 하시지요.
한심한 소리!

※ 6세기~8세기경 몽골 고원에서 기원해 중앙아시아를 지배한 튀르크계 유목민족이 세운 국가

하지만 폐하, 최근 북쪽에 '돌궐'※이라는 유목민족까지 나타나
상황이 …
헛
그렇지! 지금 당장 돌궐에 사자를 보내라!
동맹을 맺어야 겠다!
예?!

돌궐과 함께 에프탈을 칠 것이다!

돌궐과 손을 잡고 에프탈을 물리친 호스로 1세는
이후 영토를 넓히고 왕권을 강화했으며, 문화를 보호했다.
그렇게 그는 제국의 전성기를 이룩했다.

그러나 호스로 1세가 죽은 뒤 사산조 페르시아는 쇠퇴의 길로 접어들었고,

결국 642년
아랍군에 패배해 역사의 뒤안길로 사라졌다.
니하완드 전투

한편
페르시아
동쪽
남아시아
이 지역에는
북쪽과 남쪽에
여러 왕조가
들어섰다.
흑해
지중해
페르시아
남아시아
남중국해
아라비아해
벵골 만

기원전
1세기경
파르티아와
로마 제국이
전쟁을
거듭하던
이 시기

인도양 연안 항구도시
사타바하나
제국에서는
인도양을
오가는
해상무역이
발전했다.

데칸 고원에
'사타바하나
제국'이
탄생했다.
사타바하나 제국
벵골 만
아라비아해
사타바하나 제국
기원전 1세기~3세기

이 짐들은
어디서
온 거지?

반대로 우리는 후추 등의 향신료와 보석, 중국 대륙에서 들여온 비단을 수출하고 있어.
로마

아아 그거? 포도주와 올리브유 라네.
저 멀리 서쪽의 로마라는 곳에서 가져왔지.

스윽
앗, 미안 하오.

호오, 여러 나라의 배가 오가는 모양이군.
저기 있는 배는 동쪽 끝의 '왜(倭)'? 그런 이름의 나라에서 왔다고 하더군.

저들에게 인정받으면 왕으로서 정통성이 생긴다나? 뭐, 친해져서 나쁠 건 없겠지.
훌륭한 브라만들도 인정한 올바른 왕!!

엥? 어째서?

누구 지?
북쪽에서 이주해온 브라만들일세. 전하께서 저들을 적극적으로 불러 들이고 있거든.

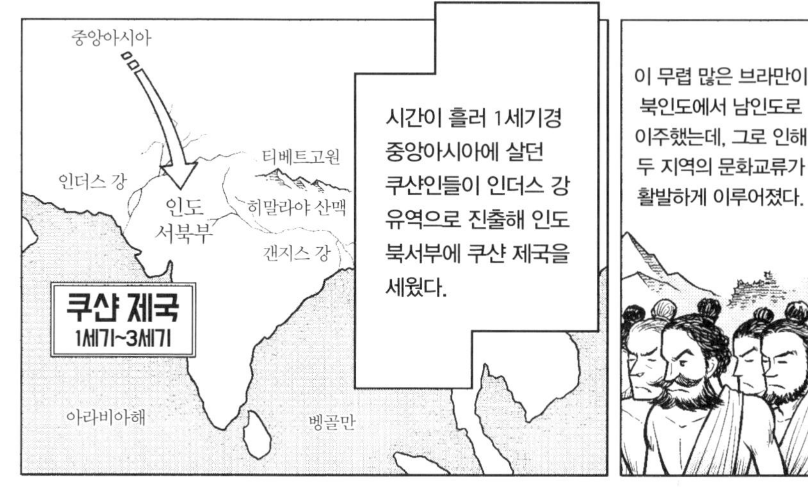

중앙아시아
인더스 강
인도
서북부
티베트고원
히말라야 산맥
갠지스 강
쿠샨 제국
1세기~3세기
아라비아해
벵골만
시간이 흘러 1세기경 중앙아시아에 살던 쿠샨인들이 인더스 강 유역으로 진출해 인도 북서부에 쿠샨 제국을 세웠다.
이 무렵 많은 브라만이 북인도에서 남인도로 이주했는데, 그로 인해 두 지역의 문화교류가 활발하게 이루어졌다.

푸르샤푸라
아들, 여기가 쿠샨 제국의 수도인 푸르샤푸라※ 란다.
우와…
카니슈카 1세는 푸르샤푸라를 중심으로
오늘날의 아프가니스탄부터 파키스탄, 갠지스 강 유역에 이르는 광활한 영토를 다스렸다.
간다라
푸르샤푸라
인더스 강
쿠샨 제국
갠지스 강
벵골 만
아라비아해

※2 지금의 파키스탄 페샤와르

쿠샨 제국은 2세기 중반 카니슈카 1세 대에 전성기를 맞이했다.

카니슈카 1세

카니슈카 1세를 비롯한 쿠샨 제국의 황제들은 금화를 주조했고, 적극적으로 무역을 지원했다.
후훗

대국의 수도라서 그런지 활기차네요!
와글 와글
쿠샨 제국은 서쪽의 파르티아처럼
동서무역의 중간 거점 이기도 하단다.
와글 와글

아버지, 이게 쿠샨 제국의 금화인가요?
그래. 여기 카니슈카 폐하가 보이지?

듣자 하니 로마 금화를 녹여서 만든다고 하더구나.
그게 무슨 말이게~?

이곳에 로마의 화폐가 많이 들어온다는 건…
두 나라 사이에 무역이 활발하다는 건가요?

정답!
쿠샨 제국의 물건을 수입하기 위해 로마가 많은 돈을 내고 있다는 말이지.
짤랑짤랑

그럼 아버지는
이 돈을 어디에
쓰실 거예요?
다음 생에도
너처럼 똑똑한
아들이 있게
해주세요~
하고
사찰에
기부할
거란다.

기원전 3세기경
마우리아 제국의
전성기를 이끌었던
'아소카'처럼
쿠샨 제국도
종교에
관대했기에
불교가 크게
융성할 수 있었다.

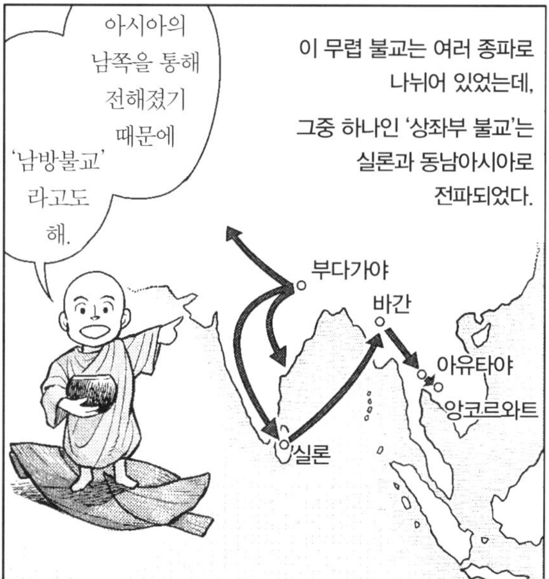

이 무렵 불교는 여러 종파로
나뉘어 있었는데,
그중 하나인 '상좌부 불교'는
실론과 동남아시아로
전파되었다.

아시아의
남쪽을 통해
전해졌기
때문에
'남방불교'
라고도
해.

부다가야
바간
아유타야
앙코르와트
실론

그렇기에 스리랑카,
태국, 미얀마에서는
지금도 많은 이들이
상좌부 불교를
믿고 있다.

※ 불교에서 '생명을 가진 모든 것'을 가리키는 말
한편 이 시기 '대승불교'라는 종파가 새롭게 탄생했다.
출가한 승려들이야 수행을 통해 구원받을 수 있다지만,
출가하지 못하는 중생※들은 어찌해야 하는가.
무슨 소리를 하는 거요.
수행을 통해 구원받는다, 그것이 불교이자
우리가 수행하는 이유 아닌가?
중생을 위해 자신을 희생하는 것이야말로
붓다 님의 진정한 가르침이 아닌가 하네만.
자신이 아닌 중생을 위한 수행이라.
그래, 그 말이 맞을지도 모르겠군.
대승불교에서는 스스로를 희생해 중생의 구제에 힘써야 한다고 생각했다.

번뇌에서 벗어나 깨달음의 세계에 도달해 구원받기 위해서는
부처님의 가르침이 필요합니다.
붓다 님의 가르침에 따르면 우리가 사는 이 세상은
번뇌가 가득한 미혹의 세계라고 합니다.

깨달음과 구원의 세계

미혹의 세계

자신뿐만 아니라 중생들까지 모두 구제해야 한다는 붓다 님의 가르침을 '커다란 탈것'에 비유한 것이죠.

스님, '대승'은 무슨 뜻인가요?

'대승'은 '커다란 탈것'을 말합니다.

상좌부 불교에서는 수행자만이 구원받을 수 있다고 여겼는데,
대승
소승
대승불교에서는 상좌부 불교의 이러한 사상을 '작은 탈것'에 비유해
'소승불교'라고 불렀다.

대승불교에서는 인도의 고대 문자인 '산스크리트어'를 사용해 수행자가 아닌 이들까지 구제하라는 내용의 경전을 펴냈고, 이는 사람들 사이에 퍼져 나갔다.
수행자가 아니어도 구원받을 수 있대!
우리처럼 평범한 사람들도 구원받을 수 있다니.

이렇게 형성된 대승불교는 다른 불교 종파와
대립하지 않고 공존했던 것으로 보인다.
나는 대승불교의 가르침을 따르고 있네.
대승불교 소승불교 그 외의 부파…
나는 양쪽의 가르침을 모두 배워볼까 하네.

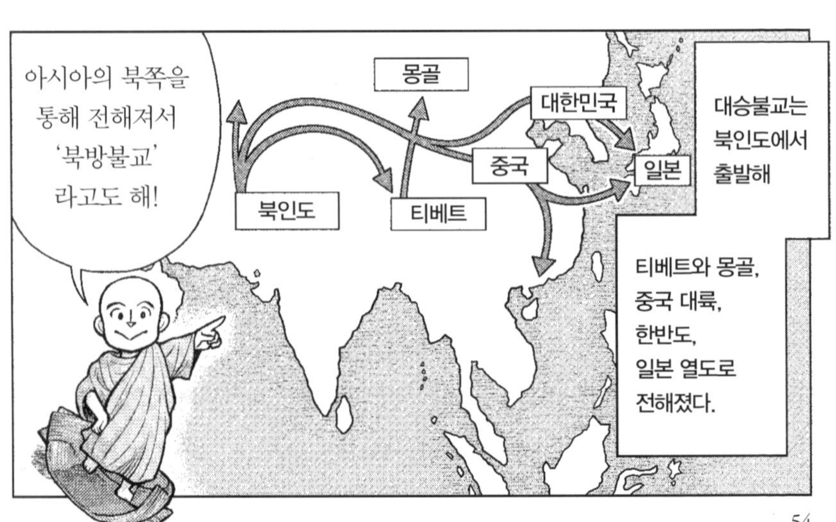
대승불교는 북인도에서 출발해
티베트와 몽골, 중국 대륙, 한반도, 일본 열도로 전해졌다.
몽골
대한민국
중국
일본
북인도
티베트
아시아의 북쪽을 통해 전해져서 '북방불교'라고도 해!

한편에서는
대승불교의 수행자처럼
타인을 구제하기 위해
자신을 희생하는 '보살'과
그를 따르는
보살
신앙이
성행했다.

참고로
오늘날
일본의
불교는
대승불교가
6세기 중반에
전해져 발전한
것으로 알려져
있다.
세 가지 보배인
'부처, 가르침,
승려'를 깊게
공경하라.
쇼토쿠 태자
일본 아스카 시대의 섭정

부처
보살
깨달음
붓다
붓다 님께서도
깨달음을
얻기 전에는
보살이라고
불리셨지.

보살은 산스크리트어인
'보디 사트바'에서 유래되었어.
'깨달음(보디)'을 얻기 위해
'수행하는 존재
(사트바)'를 말해.
빼꼼

※ 부처의 가르침을 뜻하는 바퀴의 형상. 일종의 심볼

불상은
쿠샨 제국
시대부터
만들어지기
시작했다.

오늘날에야
흔하게 볼 수
있지만 붓다가
세상을 떠나고
꽤 오랜 시간
그는 법륜※과
보리수로만
묘사되었다.

《 법륜 숭배
(Worship of Chakra)》
2세기경의 부조

이때 만들어진
붓다와 보살의
불상 중에는
인도 서북부
간다라 지방의
불상이 가장
유명하다.

쿠샨 제국
티베트
간다라
푸르샤푸라
인더스 강
마투라
인도
벵골 만
이 시기에
형성된
북인도의
불교 미술을
'간다라 미술'
이라고 부른다.

간다라
지방의
사찰은
'스투파'라
불리는 불탑이
늘어선 구역과
수행자가 거주
하는 구역으로
나눠져 있었다.

간다라에서는 스투파와 스투파 주변에 있는 사당 내부에 조각을 새겨 넣었다.

스투파 안에는
'불사리'라고 부르는 붓다 님의 유골과 경전 등이 모셔져 있답니다.
호오, 그럼 불상이 만들어지기 전에는 이 스투파를 숭상했겠군요.

간다라 불상에 비해 선이 굵답니다.
정말 이네요.

비슷한 시기 쿠샨 제국의 또 다른 도시인 마투라에서도 불상이 만들어졌다.

한편 이 무렵 브라만교에서도 새로운 움직임이 나타났다.
원래 우리 브라만교는 제사를 절대적인 것으로 여겼지만…
최근에는 불교 신자가 늘고 있다지?
기존 의례를 고수하니 다들 별로 좋아하지 않더군.

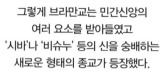

그렇게 브라만교는 민간신앙의
여러 요소를 받아들였고
'시바'나 '비슈누' 등의 신을 숭배하는
새로운 형태의 종교가 등장했다.

이렇게 된 이상 인도 각지의 민간신앙을 받아들이는 건 어떤가?
흐음, 토속신을 받들자는 소린가?

우리가 모시는 신들과 가족이라거나 원래 브라만교의 신들이라고 설명하면
거부감이 덜 하지 않겠나?

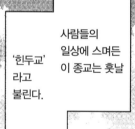

사람들의 일상에 스며든 이 종교는 훗날
'힌두교' 라고 불린다.

시바의 아내 파르바티 = 칼리
시바
그거 알아? 사실 칼리 님이 시바 님의 아내이신 파르바티 님께서 변신한 모습이래. 원래 브라만교의 신이라던데?
그게 정말 이야?

※ '化身'. 신이나 부처가 중생을 다스리기 위해 여러 모습으로 변신해 인간 세상에 나타나는 일

우리 시바 님은 어느 신보다도 강하고 훌륭하셔서…
무슨 소리! 우리 비슈누 님이야말로 여러 모습으로 화신※하신 위대한 신이시지!
헤에, 힌두교 신자는 비슈누파와 시바파가 제일 많은가봐.

쿠샨 제국은 240년경에 일어난 반란으로 인해 세력이 약해져 이후 사산조 페르시아의 샤한샤인 샤푸르 1세의 손에 멸망했다.
시간이 흘러 320년경, 북인도에 굽타 제국이 들어섰다.

갠지스 강 중류 유역을 중심으로 북인도에서 넓은 영토를 차지한 굽타 제국은

제3대 삼라트인 '찬드라굽타 2세' 대에 전성기를 맞이했다.

티베트

굽타 제국

인더스 강

갠지스 강

아잔타

아라비아해

벵골 만

굽타 제국
320년경~550년경

굽타 제국 시기에는 인도의 고전 문화가 꽃피웠는데

특히 아잔타 석굴의 벽화가 유명하다.

아잔타에는 30개의 석굴이 있는데 그중 다섯 곳은 불상을 모신 사찰이란다.

굽타 제국의 사찰에서는 불상을 비롯해 매우 높은 수준의 작품을 볼 수 있는데,

우아하고 섬세한 이 작품양식을 '굽타 미술'이라고 부른다.

또 이 시대에는 의학, 천문학, 수학 등의 학문이 크게 발전했다.
특히 이때 발견된 '영(Zero)'의 개념은
영(Zero)
0
오늘날에도 우리 생활에 큰 영향을 주고 있다.

흠, '0'이 그렇게 중요한 개념인가요?
로마 숫자를 떠올려보면 바로 알 수 있어.
중세 이탈리아인
Zero
0
CCCVIII
308
DCCXXX
730
예를 들어 '308'과 '730'을 로마 숫자로 쓰면 이렇게 된단다.
으악! 너무 복잡하고 길어요!

※ 오늘날 가장 일반적으로 사용하는 숫자표기법(기수법)으로 10이 될 때마다 윗자리 수를 하나씩 올림

와… '0'은 '아무것도 없다'라는 뜻이지만 없어서는 안 될 숫자네요!
308과 730을 더해 보자!
'0'을 발견한 덕에 십진법※으로 숫자를 나타낼 수 있게 되었고 계산도 훨씬 간편해졌지.

숫자의 전파

오늘날 우리가 사용하는 '아라비아 숫자'도 이 무렵 인도에서 탄생했는데, 아바스 왕조의 바그다드를 거쳐 유럽으로 전해졌다.

유럽

아라비아 숫자

서아시아

인도 숫자

인도

서아시아에서 전해졌기 때문에 유럽에서는 '아라비아 숫자'라고 부릅니다.

인도에서 전해졌기 때문에 서아시아에서는 '인도 숫자'라고 부르죠.

유럽인

아랍인

한편 인도의 2대 서사시로 꼽히며 세계적으로 유명한 『마하바라타』와 『라마야나』

이 두 작품의 판본이 완성된 것도 이 시기였다.

『마하바라타』 줄거리

하나 '아르주나'여, 전쟁은 크샤트리아※의 의무다.

어서 출진하거라!

저는 사촌들과 싸우고 싶지 않습니다!

크리슈나
비슈누의 화신

아르주나
판다바 5형제 중 셋째

※ 인도 바르나 제도의 제2계급인 왕족 · 군인

'마하바라타'라는 제목은 '위대한 바라타족의 전쟁을 읊은 대서사시'라는 뜻이고
이러한 서사시들은 각지에서 음유시인이 노래로 전하는 과정에서
여러 신화와 이야기가 섞이면서
지금과 같은 형태로 변화했다.

'라마야나'는 '라마왕의 일대기'라는 뜻으로
코살라의 수도인 야요디야에서 태어난 왕자 '라마찬드라'의 생애를 그린 작품이다.

이 서사시들은
인도의 고대 문자인
산스크리트어로
기록돼 있다.

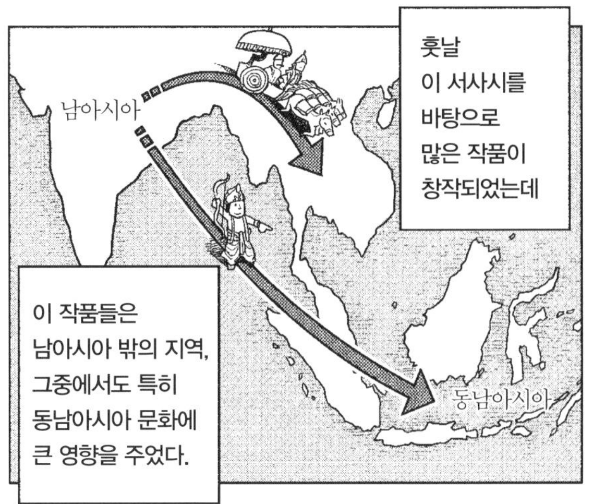
훗날
이 서사시를
바탕으로
많은 작품이
창작되었는데
남아시아
동남아시아
이 작품들은
남아시아 밖의 지역,
그중에서도 특히
동남아시아 문화에
큰 영향을 주었다.

산스크리트어는 『마하바라타』와 같은 문학작품 뿐만 아니라
철학서, 의학서, 수학서 등의 학술서에도 사용되고 있단다.

스승님, 어째서 브라만은
산스 크리트어를 공부해야만 합니까?
좋은 질문 이구나.

알았다면 계속 익혀가거라.
네!

하아, 산스크리트어를 몰라서는 안 되겠군요.
허허, 훌륭한 브라만이 되기 위해서는 반드시 배워야 하는 학문인 게지.

이 글자도 남아시아에서 유래했어.
卍(만)

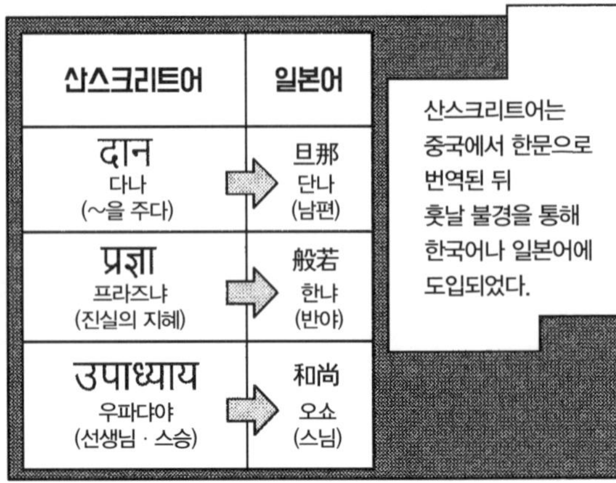

산스크리트어	일본어
दान 다나 (~을 주다)	旦那 단나 (남편)
प्रज्ञा 프라즈냐 (진실의 지혜)	般若 한냐 (반야)
उपाध्याय 우파댜야 (선생님 · 스승)	和尚 오쇼 (스님)

산스크리트어는 중국에서 한문으로 번역된 뒤 훗날 불경을 통해 한국어나 일본어에 도입되었다.

5세기 초에는 중국 대륙의 국가인 동진(東晉)의 승려, '법현'이 경전을 구하기 위해 굽타 제국을 방문했다.
법현
불교는 굽타 제국 시대에도 변함없이 번성했는데
저벅 저벅...

이 무렵에 세워진 '날란다 대승원'은 불교의 중심지로 성장했다.

저벅 저벅
저 어르신 60살이 넘으셨는데
고향으로 경전을 가져가려고 그 먼 길을 걸어왔다나 봐.
와… 대단해.

스승님, 상업이 우리 승려들과 무슨 관계가 있습니까?

굽타 제국이 멸망해 남아시아 전체의 상업이 침체되고 말았구나.

그러나 5세기 후반 굽타 제국의 영토 각지에서

반란이 일어나고 끝내 제국이 550년경에 멸망하면서

불교의 세력도 함께 약해졌다.

수행자

상인

불교 신자 중에는 상인들이 많지.

그들이 가난해지면 우리에게 주는 시주도 줄어들 테니

지금처럼 수행만 할 수는 없을 거란다.

불교 대신
힌두교가 널리 유행하게 된 거야.
게다가 최근에는 시바와 비슈누에 대한 헌신을 강조하는 운동이
퍼지고 있다고 하더군요.
이 운동은 불교에 큰 타격을 주었다. (박티 운동)

7세기 전반에 '하르샤 바르다나'라는 인물이 나라를 세우고 잠시간 북인도를 장악했다. (바르나다 왕조)
티베트고원
히말라야산맥
카나우지
인더스 강
바르다나 왕조
갠지스 강
벵골 만
굽타 제국이 멸망한 550년경부터 무려 650년 동안 북인도는 분열돼 있었지만,
바르다나 왕조
580년~647년
무어라! 그 먼곳에서!
하르샤 바르다나
이 시기는 당의 승려 '현장'이 인도를 방문한 때였는데,
전하, 소승은 당의 사람으로 불교 경전을 구하기 위해 천축(인도)에 왔습니다.
현장
당의 승려
당은 뛰어난 황제가 다스리는
무척 발달한 나라라 들었다.
부디 그대의 나라에 대해 알려주게.
여부가 있겠습니까.

끝내 현장이
귀국길에 오르자
이별을 무척 아쉬워
했다고 한다.
꽈악

하르샤는 경전을
구하기 위해 방문한
현장을 환영했고

현장은
날란다
대승원에서
공부했다고
전해지며
5년간 경전을
연구한 뒤
인도 전역을
돌아보고 나서
당으로
돌아갔다.

한편
바르다나
왕조는
하르샤가
죽은 뒤로
후계자 문제가
불거져 급속하게
쇠퇴하고 말았다.

같은 시기
남인도에는
드라비다족이
여러 왕국을
세웠는데,
그중 촐라 왕조는
9세기경
해상무역을 통해
번영을 맞이했다.

그래서
농촌은
농사와
가내수공업으로
자급자족하며
살아갔다.
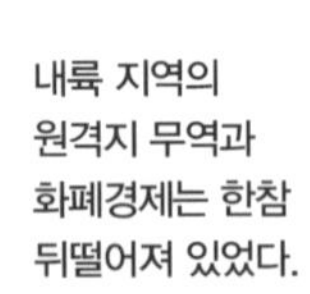

남아시아에서는
항구도시를
중심으로 하는
해상무역은
활발했지만,
내륙 지역의
원격지 무역과
화폐경제는 한참
뒤떨어져 있었다.

다른 지역과
무역할 수
없으니
우리
힘만으로
살아가는
수밖에….

어르신, 그럼
식량 · 의복처럼
필요한 물품을
직접 만들자는
말씀입니까?
그렇네.

그러다 그 일을
맡은 사람이
아프거나
죽으면요?

각자 일을
맡아서 하면
되는 걸세.
역할을 분담하고
서로 도우며
살아가는 거지.

하기 싫어도 꼼짝없이 해야겠는걸.
태어날 때부터 할 일이 정해진다는 건데….
그럴 때는 그 사람의 자녀가 부모의 일을 이어받으면 되지.

'쟈티'는 혈통과 직업을 말한다. 예로부터 남아시아에 이어져 오던 쟈티는 이 시기에 들어
공동체의 결속과 분업을 위해 사회질서로 자리잡게 되었다.
사람의 타고난 '쟈티(혈통)'는 전생의 행실에 따라 정해지지 않는가.
그것이 힌두교의 교리일세.

그렇게 점차 쟈티와 바르나(신분)가 합쳐진 신분제,

이른바 '카스트 제도'가 남아시아 사회에 뿌리내리게 되었다.※

【카스트 제도】

브라만: 제사장

크샤트리아: 왕족, 군인

바이샤: 상인, 목축민, 농민

수드라: 예속민

( ) …쟈티

각 쟈티는 같은 바르나인 사람이랑만 결혼할 수 있고 카스트 간에 지켜야 할 규칙도 다르구나.

※ 이렇듯 쟈티와 바르나를 합친 계급 하나하나를 '카스트'라고 부름

인도에서는
대소변, 피, 죽음과
관련된 일을
금기시했기
때문에

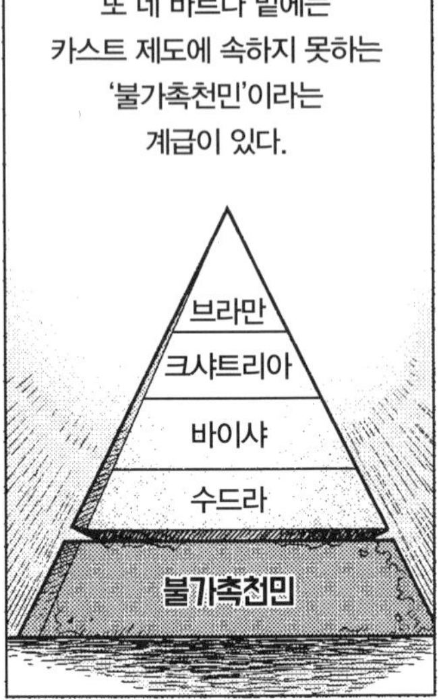
또 네 바르나 밑에는
카스트 제도에 속하지 못하는
'불가촉천민'이라는
계급이 있다.
브라만
크샤트리아
바이샤
수드라
불가촉천민

이와 관련된 일에
종사하는 사람들을
닿아서는 안 될
불가촉천민으로
취급했다.

카스트라는 말은
'혈통'을 뜻하는
포르투갈어
'카스타(Casta)'
에서 유래했다.
이렇게 형성된
카스트 제도는
오늘날까지
큰 영향력을
행사하고 있다.

서아시아
남아시아
당대에 등장한
서아시아와
남아시아
각국의 영토는
오늘날의
국경과는
사뭇
달랐는데,

팔미라
비록 시간이
흐르면서
사라진 것도
있지만,
간다라
미술

이곳 사람들은
동쪽 · 서쪽으로
멀리 떨어진
지역과 활발하게
무역하면서
종교나 미술,
문학 등 그곳의
문화도 함께
받아들였다.

카스트
제도
브라만
크샤트리아
바이샤
수드라
0
'영'의 개념
대승불교
소승불교
새롭게 탄생한
문화가 미친
영향력은

오늘날까지도
이어지고 있다.

제2장 진·한의 통일과 난세

秦
秦
秦
秦

기원전 3세기경 중국 대륙에서는 전국 시대가 끝나가고 있었다.

전국 시대의 일곱 강대국인 '칠웅' 가운데 서부의 변방 신흥국이었던 진(秦)은

연
조
황허 강
제
위
한
진
초
양쯔 강

상앙의 변법

처억

나라는 법으로 다스려야 한다!

기원전 4세기 법가 정치가인 '상앙'을 등용했고,

그의 개혁을 토대로 국력을 키워나갔다.

秦
秦
秦

그로부터 몇 년 뒤

진왕은 중국 대륙을 통일하기 위해 그 세력을 넓혀갔다.

두두두두두두두

시간이 흘러 기원전 247년, 12살 소년 '영정'이 진왕에 즉위한다.

즉위 초에는 선왕의 중신인 '여불위'가 실권을 쥐고 있었으나 이내 실각했고, 이후 진왕이 직접 나라를 다스리기 시작했다.

기원전 240년 무렵
상앙이 죽은 지도 거의 100년이 지났나.
그의 말처럼 오직 법만이 세상의 혼란을 바로잡을 수 있다.
영정
진(秦)의 왕

그는 법을 기반으로 나라와 백성을 다스리는 법가 정치가였습니다.
위정자가 죽어도 법은 남기 마련이지요.

법으로 다스리면 우리 진뿐만 아니라
천하를 통일할 수 있을 터.
모든 군주는 난세를 자신의 손으로 끝내고 싶어 하지요.
훌륭한 군주 밑으로는 저절로 뛰어난 인재가 모이기 마련입니다.

전하, 법가의 '이사'가 천하 통일에 관해 진언을 올리고 싶다고 합니다.
윤허하마….

전하, 우리가 힘을 기른 지금이야말로 천하를 통일할 둘도 없는 기회입니다.
전하 께옵서는 현명한 군주시니 결심만 하시면
그날로 바로 천하를 통일할 수 있을 것 이옵니다.
이사
법가의 정치가

흠, 그렇다면 천하 통일에 관한 그대의 생각을 말해 보라.
우선 계략을 써 타국을 혼란에 빠뜨리고
군대를 파병해 공격 하시지요.
내부를 어지럽히고 공격한다…
좋다. 뜻대로 하라.

이사는 뛰어난 책략가들에게 돈을 쥐어주며 타국으로 파견했다.
스윽

이들은 각국의 위정자를 뇌물로 매수했고

제안을 거부하면 죽이기도 했다.

위정자들끼리
서로를 의심하는
나라가 늘고
있습니다.
공격할
때가 왔군!

그 결과 각국의
왕과 신하들은
서로를 의심하며
분열하기 시작했다.
자네들
설마
벌써 진과
손을 잡은 건
아니겠지?

흉노
월지
강(羌)
함양
(셴양)
황허 강
발해
서해
황해
진(秦)
양쯔 강
동중국해
그리고 마침내
기원전 221년
진은 중국 대륙을
통일했다.

기원전 230년
한(韓)을 정복한
진은 다른 나라도
차례로 멸망시켜
나갔다.
秦
秦

천하를
통일했으니
왕보다
더 높은 칭호가
필요하겠군.
모두가
우러러볼
만한,
위엄 있는…
그래!

중국을 통일한 진왕 영정은 '왕' 대신에

'빛나는 우주의 중심'이라는 뜻의 '황제(皇帝)'※라는 칭호를 사용했다.

이른바 '시황제'였다.

시황제

이사는 중국 통일에 대한 공을 인정받아 중용되었고
시황제는 그를 한층 더 신뢰하게 되었다.
그건 그렇고
이 광활한 영토를 어떻게 다스리면 좋을지….

이사, 그대의 생각은 어떠한가?
멀리 떨어진 영토까지 다스리려면
기존의 봉건제가 적합할 것입니다.
황자님들과 공신들을 제후에 봉하고
지방으로 부임시켜 다스리게 하는 제도 말입니다.

※ 중국 신화의 신적 존재인 삼황오제에서 한 글자씩 따와 만들었다는 설도 존재함

봉건제를 택하면
제후들이 세력을 기르고 서로 다투는 상황이 벌어질 것이옵니다.
주(周) 역시 같은 이유로 멸망하지 않았습니까.

모든 영토를 폐하께서 직접 다스리셔야 하옵니다.
짐이 직접?

군현제

황제

관리

군 현 현 군 현 현 현 현 군 군 현 현 현 군 현

전국을 군으로 나누고 그 아래에 현을 둔 다음, 각지의 관리를 중앙에서 파견하시지요.

기존의 군현제를 전국으로 확대하는 겁니다.

시황제는 전국에 군현제를 도입하고, 모든 권력을 황제에게 집중시키는 중앙집권화 정책을 시행했다.
좋다. 뜻대로 하라.

진이 실시한
화폐, 도량형, 문자의
통일은 절대 권력자인
황제가 관료제를 통해
중국 전체를 다스리는
중국
황제 정치의
토대가
되었다.

동시에
나라마다
달랐던
화폐,
반량전

무게 등
단위의
기준이 되는
도량형,
무게추
도량

문자를
통일시켰다.

시황제가
중국을 통일하고
5년 정도가
지났을 무렵,
북쪽의
오랑캐들만
처리하면
남은
걸림돌은
없는데.
북방의
유목민족인
'흉노'※ 말씀
이십니까.

※ 몽골 고원에서 유목 생활을 하던 기마민족

흉노
황허 강
서해
함양
진(秦)
양쯔 강

흙을 굳혀 만든 높은 벽이지요.

전국 시대의 나라들은 흉노의 침입을 막기 위해

북방에 성벽을 세웠다고 합니다.

음-…

흉노가 자꾸 황허 강 인근의 초원지대를 노리고 있지 않은가.

좋은 수가 없을까.

※ 유목민족의 침입에 맞서기 위해 만든 성벽으로 오늘날에 남아 있는 장성 대부분은 명(明) 시대에 축조됨

그렇다면 그 성벽을 모두 연결해
하나로 만들어야 겠다. (만리장성)

그렇게 시황제는 전국의 죄인들을 모아 장성을 쌓는 일에 투입했다.
또 그는 장성뿐만 아니라
자신의 무덤을 만드는 일에도 일반 백성을 동원했는데… (진시황릉)

법가에
반대하는
학자들은
산 채로
구덩이에
파묻어 버렸대.
(분서갱유)

법가랑
관련 없는
서책[※1]은
불태우고,

퍽

정말
어처구니
없는
놈이야.

자기 무덤을
만드는 데
이렇게나
많은 백성을
동원한다고?!

퍽 퍽

※1 분서(의약 · 점술 · 농업에 관련되지 않은 책은 모두 불태움) · 갱유(수백 명의 유학자를 구덩이에 묻어 죽임)로 사상을 통제

훗날 진시황릉에서 출토된 수천 점의 '병마용'[※2]은 당시 시황제의 막강한 권력을 짐작하게 한다.

병마용

※2 병사와 말을 실물 크기로 빚어 구워 만든 흙인형

설마 우리도
묻히는 건…

쓸데없는
잡담은
금지다!

불평하지
말고 어서
일이나 해!

이러한 일련의 토목 사업과
법에 기반한 엄격한 통치 아래
민중들은 고통받았고,
정복지에서는 조정에 대한
반감이 서서히 높아졌다.
이에 시황제가 죽고
'이세황제'가 즉위할
무렵에는
전국 각지에서
반란이 일어나
제국이 흔들리기
시작했다.
秦

기원전 209년
가난한 농부
출신으로 병사로
징집된
'진승'과
'오광'이
봉기한 것을
시작으로
와아!!
왕후장상의
씨가 따로
있겠는가!
대초
〈의미〉
사람의 신분은
태어날 때
정해지는 것이
아니라 노력에 따라
달라질 수 있다.
진승
오광
각지에서도 잇따라
반란이 일어났다.
(진승 · 오광의 난)
이윽고 멸망한
초(楚)의 왕족이
반란의 지도자로
추대되었다.
회왕님!!
전하! 초를
부활시킵
시다!
진 따위는
꺾을 수
있습니다!
어제까지만
해도
양치기로
살았는데
무슨 수로…
의제
초(楚)의 왕족
의제 휘하의
장수 중에는
초의 명문가
출신 '항우'와
…
항우
서민 출신
'유방'이
있었다.
유방

관중
분지
황허 강
황해
함양
팽성
(쉬저우)
양쯔 강
그러니 제가 본대를 이끌고 수도인 함양을 함락시키고 오겠습니다.

팽성
후초의 수도
폐하, 저희 병력은 진의 병력보다 적어 나눠서 공격하면 승산이 없습니다.

좋다. 항우는 본대를 이끌고
남은 별동대는 미끼가 되어 진을 도발하며 함양으로 가라!
와아!

맨 처음 관중※에 들어가는 자를
관중의 왕으로 삼겠노라!
웅성

※ 진(秦)의 중심지인 웨이수이 분지

다들 나와 초를 위해 목숨을 걸고…
물끌…
이 전투에서 공을 세우고 인생을 바꾸자!
이글이글
이글이글

어떻게든 보답하고 싶은데…
좋다!

발해

거록
(싱타이)

신안

낙양
(뤄양)

팽성

함곡관

항우는
7만의 병사를
이끌고 출발해

거록에서
30만이 넘는
진의 군대를
격파했고

가는 곳마다
격렬한 전투를
벌인 끝에

함곡관※에
도착했다.

※ 전국 시대에 세워진 진(秦)의 관문으로 수도인 함양에 들어가려면 이곳을 지나야 했음

저건
유방의
깃발이
아닌가?

내가
이곳의
왕이다!
관중에
가장 먼저
도착한 것은
바로 나다!

항우 님!
저기를
보십시오!

실상 관중에는
항우가 함곡관에
도착하기
약 한 달 전부터
유방이
들어와
있었다.

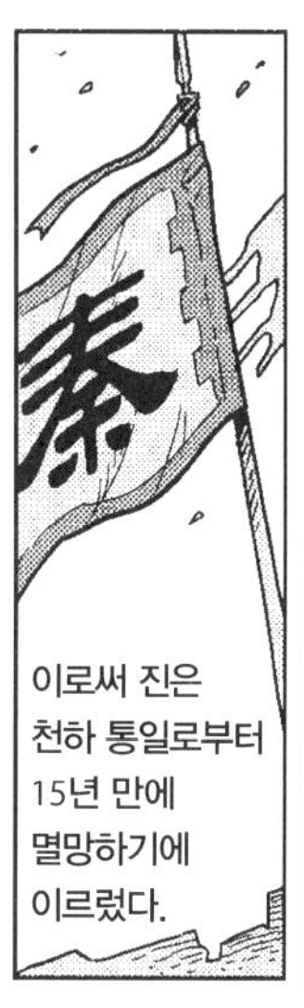
秦
이로써 진은
천하 통일로부터
15년 만에
멸망하기에
이르렀다.

유방군과
싸우지 않고
항복했고,

진의 황제
'자영'은
흰 소복
차림으로
자영
삼세황제

항우는
관중왕
경쟁에서
유방에게
뒤처지자
…
진의 군대를
물리친 건
무엇을
위해서였나…

용서할 수
없다!
가만두지
않겠어!
콰직
깜짝
항우
님.
유방 밑에는
유능한 신하들이
많은 데다,
백성들 사이에도
평판이 좋습니다.

이대로
내버려
두면
안 됩니다.
제게 맡겨
주십시오.
범증
항우의 심복

그리고 다음날 아침,
유방이 1백여 명의
부하들을 데리고
항우의 진영을
방문했다.

오랜만에
뵙는군요,
항우 님.
관중에 먼저
들어온 일에 대해
해명할 자리를
마련해주셔서
감사합니다.

어서
오시오.
유방 님의
뜻은
잘 알았소.

진영에는 유방과
그의 측근인
'장량'만 들어갈
수 있었다.
항우
항백
유방
범증
장량

진에
맞선 자들이
한 자리에
모였으니
스윽
이 자리에
어울리는
칼춤을
보여드리도록
하지요.

멈
칫!

사――악

사사사삭…

함정 이다!
칼춤으로 위장해 주공을 죽일 작정이야!
장량

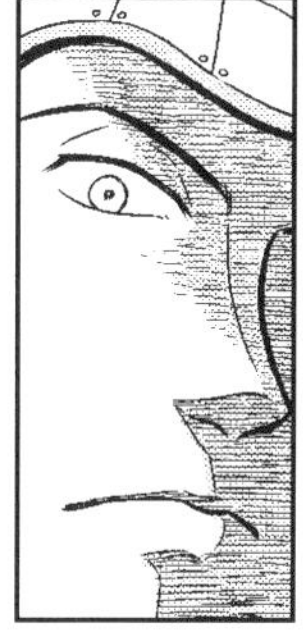

'번쾌' 님!

주공께서 위험 하시니
지켜 드려야 겠소!
알겠소.
번쾌
유방의 호위

두
둥
패공(유방) 휘하의 장수 번쾌라고 하오!
실례 하겠소!

술과 돼지 앞다리를 내어와라!

그대가 번쾌인가?
과연 소문보다 훨씬 뛰어난 장수로다.

달그락

우걱우걱

벌컥벌컥벌컥
오오오…

탕

오호…
훌륭하군!

오늘의
결례는
다음에
다시 인사
올리겠습니다.

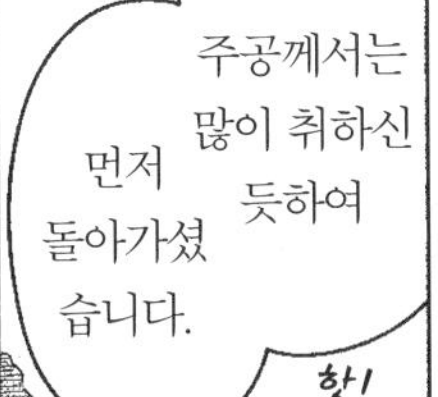
주공께서는
많이 취하신
듯하여
먼저
돌아가셨
습니다.
핫!

유방이
없다…!

두두두두두두두

그렇게 유방은 부하들의 기지 덕분에 구사일생으로 살아남을 수 있었다. 이 사건을 '홍문연'이라고 부른다.

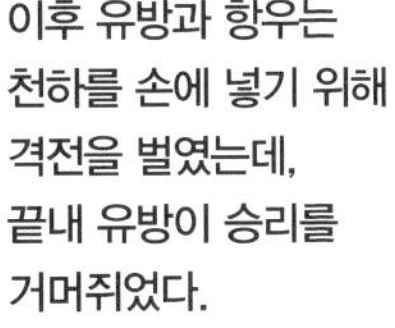

이후 유방과 항우는 천하를 손에 넣기 위해 격전을 벌였는데, 끝내 유방이 승리를 거머쥐었다.

기원전 202년 유방은 항우를 물리치고 황위에 올라 나라를 건국했다.

이로써 진에 이어 중국 대륙을 지배한 두 번째 제국 '한(漢)'이 탄생했다. (전한)

고조(유방)
한(漢)의 초대 황제

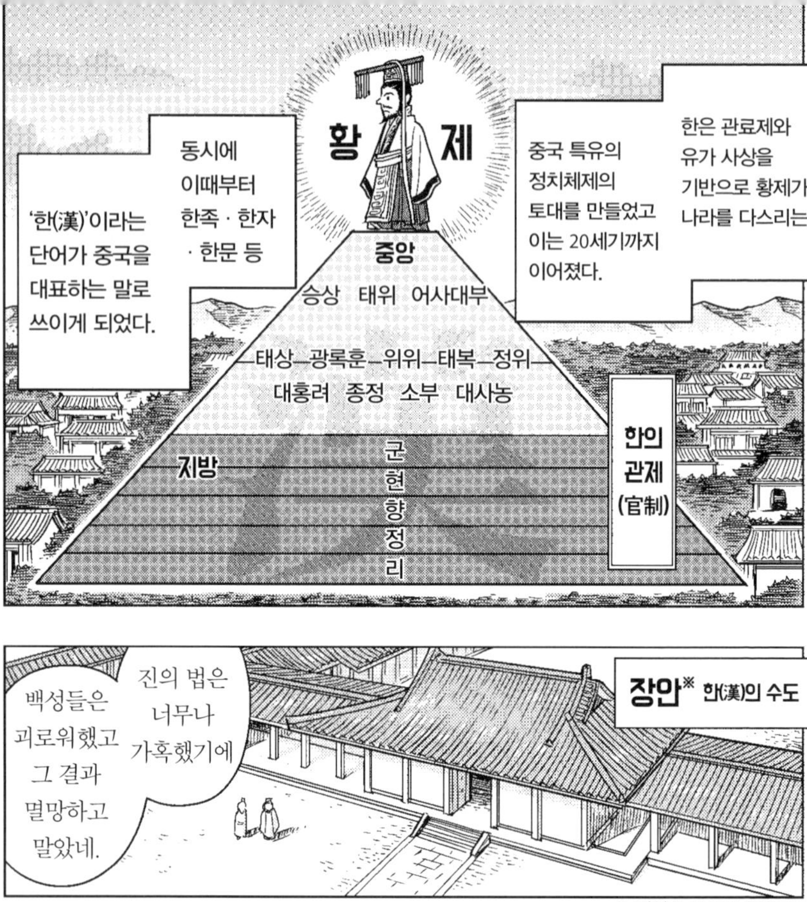

한은 관료제와 유가 사상을 기반으로 황제가 나라를 다스리는

중국 특유의 정치체제의 토대를 만들었고 이는 20세기까지 이어졌다.

동시에 이때부터 한족 · 한자 · 한문 등

'한(漢)'이라는 단어가 중국을 대표하는 말로 쓰이게 되었다.

한의 관제(官制)

- **황제**
- **중앙**
  - 승상 태위 어사대부
  - 태상–광록훈–위위–태복–정위
  - 대홍려 종정 소부 대사농
- **지방**
  - 군
  - 현
  - 향
  - 정
  - 리

장안※ 한(漢)의 수도
진의 법은 너무나 가혹했기에
백성들은 괴로워했고 그 결과 멸망하고 말았네.

※ 진(秦)의 수도였던 함양 근처

민심의 안정이 중요하네.
예.
민심을 외면하면 결국 진처럼 될 테니….
진은 전국을 다스리기 위해 군현제를 시행했었지.
이 또한 수정해야 하나…
폐하, 그렇다면 진의 군현제와 봉건제를 합치면 어떻겠습니까?

그럼 직할령은
관리를 임명해
다스리고
그 이외의 영토는
왕과 제후가
다스리게 하면
되겠군.

이렇듯 군현제와 봉건제를 절충한 제도를 '군국제'라고 한다.

직할령

황제

관리

군

현

봉건

제후

제후국

왕

왕국

군국제

한은 건국 초기
전쟁 등으로 지친
백성들의 휴식을
우선시했다.
꾸벅
꾸벅…
그러던
기원전 154년
제6대 황제
대에 들어
일곱 제후국이
봉토가 줄어든
일에 반발해
서로 손을 잡고
반란을 일으켰다.
이것이 바로
'오초7국의
난'이다.
두두두두두두
이 반란은
3개월 만에
진압
되었으나…

중 앙
중앙 집권화 정책을 추진했다.
이후 조정은 유력자를 지방의 제후로 임명하던 군국제에서 관리를 직접 파견해 다스리게 하는 군현제로 바꾸는 등
제6대 황제
경제
제후들은 믿을 수 없다.
앞으로는 지방을 다스릴 관리도 조정에서 파견해야겠다.
왕
관리
군
관리
군
현
두둥

선황께서는 제후국의 힘을 약화시켜
황제에게 권력을 집중시키려 하셨지만
그렇게 하면 진과 다를 바가 없지….

기원전 141년 제7대 황제로 즉위한
'무제' 대에 들어 한은 전성기를 맞이했다.
무제

일단 각지의 관리들에게 뛰어난 인재를 찾으라※ 명해볼까!

※ 이러한 인재(관리) 등용 방법을 '향거리선(鄕擧理選)'이라고 함

그렇게
찾아낸 인물이
바로 유가의
'동중서'였다.
동중서
유학자
무제는
중앙과 지방의
관리들에게
인재 발굴을
명령했고,

이보게,
이 광활한
영토를 다스릴
좋은 방도가
없겠나?
진이 고작
15년 만에
멸망한
이유는
정해진 법에
따라서만
나라를
다스리려 했기
때문입니다.
백성들은
조정을
두려워할
뿐
진심으로
따르지는
않았지요.
秦
쳇!!

흐음
그럼
어찌하면
좋겠나?
유가에서는
'하늘의 뜻을 받아
하늘을 대신해
천하를 다스리는
자'를 '천자'라
하옵니다.
허니
폐하께서도
하늘의 뜻을
공경해야
마땅할
것입니다.

그리고 유가
사상을 한의
통치이념으로
받아들였다.
유학이 퍼지면
백성들은 하늘의
뜻을 받은
황제의 권위를
인정할 테고
그로써
사회가
안정될
거야.

하늘의
뜻을
받아
천하를
다스린다라
….

기원전
133년
무제는 장안의
교외에서 유가의
가르침에 따라
하늘을 받드는
의식을 행했다.

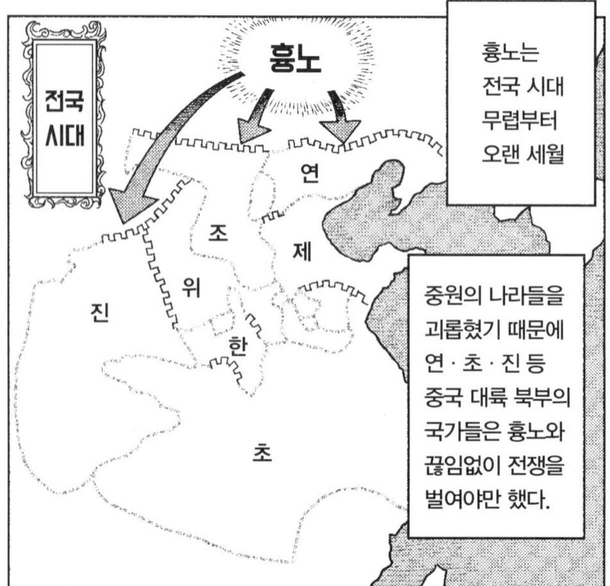
흉노는
전국 시대
무렵부터
오랜 세월
전국
시대
흉노
연
조
제
위
진
한
초
중원의 나라들을
괴롭혔기 때문에
연 · 초 · 진 등
중국 대륙 북부의
국가들은 흉노와
끊임없이 전쟁을
벌여야만 했다.

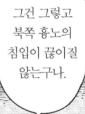

그건 그렇고
북쪽 흉노의
침입이 끊이질
않는구나.

한은 건국 초기인
고조 대에 이미
흉노와의 전쟁에서
패배하고
불리한
조약을 맺은
상황이었다.

식량이나 술 말고도 비단 같은 값비싼 물건을 바치는 것도 모자라,
심지어는 황족까지 선우※ 놈의 황비로 시집 보내야 했지!
이제 더는 참을 수 없다!

그 조약 때문에 매년 많은 공물을 흉노에 보내야 한다니!

※ 흉노의 '황제' 칭호

흉노
대월지
장안
한
티베트
히말라야 산맥
대월지 사람들은 흉노에 침략받은 적이 있으니
함께 싸워줄지도 몰라.

하지만 폐하, 흉노는 고조께서도 물리치지 못하셨습니다.
함께 싸워줄 동맹을 찾으면 되잖아!

무제는 곧 '장건'이라는 인물을 대월지에 사자로 파견했다.
장건
대월지에 가려면 흉노의 영토를 지나야만 해.
방심하지 말자!

1백여 명을 이끌고 장안을 출발한 장건은
대월지에 가기 위해 흉노의 영토로 들어갔다.
그런데
뭐 하는 놈들이냐!

일행은 금세 흉노에 붙잡히고 말았다.
저희는 대월지로 가는 사신단입니다.
부디 풀어 주십시오.
네놈들은 한의 사자가 아니냐?
적인데 내가 왜!

이후 장건은 10년 이상을
흉노에 붙잡혀 살았다.

이에 무제는 대월지와의 동맹을 포기하고 말았다.

음흠흠, 흉노에 맞설 다른 수를 떠올려야지.

그냥 깔끔하게 군대를 보내 놈들을 쓸어 버리자!

파앗!!

…장건 님만 고생이시네.

이 무렵 한은 부강했고,

유능한 장군도 있었기에

연이은 원정에서 큰 승리를 거두며

흉노를 몰아낼 수 있었다.

와아—

두두두두두두두

으악—

漢

위청
한(漢)의 장군

한편 장건은 자신의 사명을 잊지 않고 흉노를 탈출해
마침내 대월지에 도착했다.
헉.
장건 님, 어서!
허억.
허억.
하지만

대월지와의 동맹은 실패로 끝이 났다.
동맹을 맺고 흉노와 싸우자고?
우리는 충분히 먹고살 만해.
돌아가.

이후 장건은 여러 나라를 둘러본 뒤에

기원전 126년 장안으로 귀국했다.

장건, 수고했다.
폐하, 늦어서 정말 송구하옵니다….
흉노를 몰아내 참으로 다행입니다.

하하하
신경 쓰지 말 거라.
그보다 나는 네가 방문했던 나라들의 이야기가 듣고 싶구나.
예?!
아, 물론 네! 입니다!

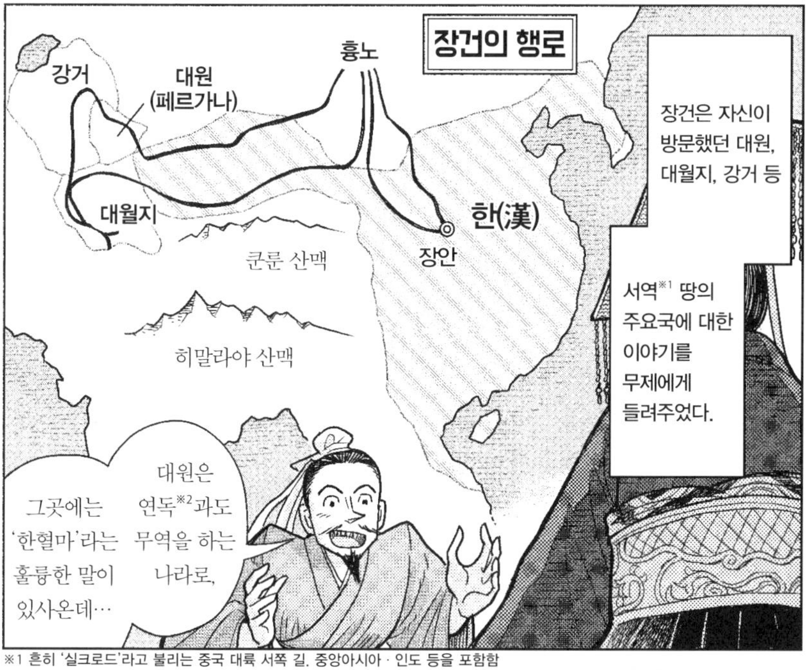

장건의 행로

흉노
강거
대원 (페르가나)
대월지
한(漢)
장안
쿤룬 산맥
히말라야 산맥

장건은 자신이 방문했던 대원, 대월지, 강거 등

서역[※1] 땅의 주요국에 대한 이야기를 무제에게 들려주었다.

대원은 연독[※2]과도 무역을 하는 나라로,

그곳에는 '한혈마'라는 훌륭한 말이 있사온데…

※1 흔히 '실크로드'라고 불리는 중국 대륙 서쪽 길. 중앙아시아 · 인도 등을 포함함
※2 인도를 말함

이야기를 들은 무제는 서역에 관심이 생겼고

무역을 하고자 사자를 파견했다.[※3]

장건의 여행이 한에 서역을 소개하는 계기가 된 것이다.

※3 훗날 서역에 설치된 서역도호부는 지역을 관찰하고 수익 확보에 힘썼음

척
억
타림 분지
티베트 고원
히말라야 산맥
한반도
한(漢)
베트남

이후 무제는 활발하게 원정을 감으로써 당대에 전례 없는 대제국을 수립했다.

50년이 넘는 치세를 거치며 제국은 전성기를 맞이했고 (무제의 치세)

그 영토는 한반도와 베트남에까지 이르렀다.

그러나

흉노와의 전쟁 등으로 국고가 바닥났습니다.
세수를 늘리고자 소금과 철, 술을 전매※1해 물가를 잡고 있습니다만…
※1 특정 물품을 국가가 강제로 사들여 독점적으로 판매하는 것
곧이어 국력이 조금씩 쇠퇴하기 시작했다.

시간이 흘러 기원후 5년 제14대 황제였던 '평제'가 죽고, 1살이었던 '유영'이 황태자로 추대되었다.
하지만 실권을 잡은 인물은
권력 다툼에서 승리한 '왕망'※2 이었다.

※2 제11대 황제 원제의 황후인 효원황후 왕씨의 조카이자 평제의 황후인 효평황후 왕씨의 아버지로 황실의 외척이었음

황태자는 한참 어리고 권력은 우리 왕씨 일가가 잡았으니 내가 황제가 되어도 누가 뭐라 하겠어?
왕망
다만 명분이 필요해!
명분…
그래!

왕망은 황당한 소문을 조작해 황위 선양을 정당화했다.
전하, 전국에서 '왕망이 황제가 된다'라는 글자가 적힌 돌과 동전이
속속 발견되고 있다 하옵니다!
무슨 소리요!
내가 황제라니!

8년 왕망은 '신(新)'을 건국하고 스스로 황제의 자리에 올랐다.
新
그는 즉위식에서 일부러 유영을 옥좌에서 내려오게 해 자신의 정통성을 강조했다고 전해진다.
하늘의 뜻을 어찌 거스를 수 있겠나!

한의
시대는
끝났다.
사회제도는
유가를 토대로
하되 주(周)
시대의 것으로
되돌린다.
군현의
지명 역시
바꾸도록
하라.
허둥
지둥
허둥
지둥
이로 인해
관리와
백성들은
큰 혼란에
빠졌고,

갑자기
지명을
바꾸다니!
땅을
사고파는 것도
금지라며?!
천하의 땅을
'왕전(王田)'
이라
부르겠대!
모든 땅은
황제 거라는
소리잖아!

전국 각지에서
급작스러운
개혁에 반발하며
반란을 일으켰다.
황위를 빼앗은
것도 모자라서
누구 마음대로
개혁이야!
왕망
따위는
인정할 수
없다!
쫘아악
와아아아아아....
18년
산동 지방에서
기근으로 고통
받던 백성들이
반란을
일으켰다.
(적미의 난)

유수 님,
왕망이 반란군과의 전투에서 패배했다고 합니다.

남양에서는 한(漢) 황실의 후손인 '유수'가 거병했다.

적미군이 산동에서 장안으로 향하고 있을 무렵

황허 강
산동(산둥)
적미군
황해
하남(허난)
장안
남양(난양)
유수군
양쯔 강

이들은 왕망군과의 구별을 위해 눈썹을 붉게 물들여 '적미(붉은 눈썹)'라고 불렸는데, 그 수가 1만 명에 달했다.

이후 그는 '광무제'로 즉위했다. (후한)

광무제 (유수)

25년 유수가 반란군을 비롯해 주변 세력을 진압하고 황실을 다시 세웠다.

와아—

그렇다면 이제부터는 반란군과의 싸움이 되겠군.

유수

한(漢) 시대는
신이 지배하던
8년~23년을
기점으로
전한과
후한으로
구분한다.

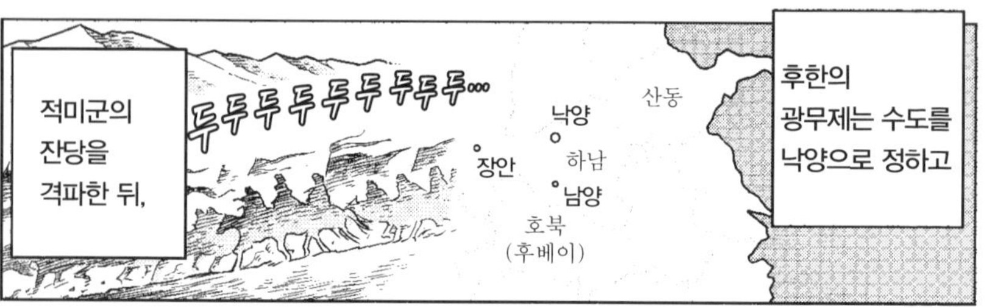
적미군의
잔당을
격파한 뒤,
두두두 두두두 두두두…
장안
낙양
하남
남양
산동
호북
(후베이)
후한의
광무제는 수도를
낙양으로 정하고

전란으로
황폐해진
국내를
정비했다.

사회제도는
왕망
이전으로
되돌린다!

또 가난해진
농민들을
사고팔지
못하도록

인신
매매를
금한다.

그는 주변국과의
외교에 군국제를
응용하기도 했다.

대신 그 지역의
지배권을 인정하는
책봉 외교를 취한
것이다.
주변국
으로부터
공물을 받고

57년에는 일본
규슈의 왕국인
왜노국에서 온
사절단 측에
금도장인
'한위노국
왕인'을
하사하기도
했다.

많은
주변국이
한에
사절단을
보내왔다.

왜노국을 비롯한
소국들은
한과 같은
대국의 책봉을
국가 통치에
이용하려 했기에

후한
황제

조공※과 책봉을
이용한 이 외교관계는
동아시아만의 특수한
국제질서로서
19세기 중반까지
이어졌다.

한의 황제
폐하께
우리나라의
정통성을
인정받았어!

조공을
가져온
보람이
있군!

※ 주변국이 중심국에 사절과 함께 공물을 보내면 중심국의 군주가 주변국에 답례품을 주는 형태

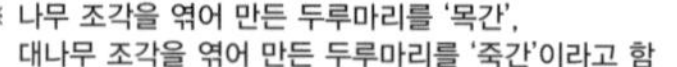
※ 나무 조각을 엮어 만든 두루마리를 '목간',
대나무 조각을 엮어 만든 두루마리를 '죽간'이라고 함

더 얇고 가벼운 것 어디 없나.
죽간이나 목간은 기록하기에는 좋지만, 부피가 너무 커.
음?

그때껏 사람들은 목간이나 죽간※, 값비싼 비단 등에 문자를 기록했는데,
한편 이 시대에 들어 '종이'가 보급되었다.
백서
죽간

전한 시대에도 종이는 존재했지만 문자를 기록하는 용도로는 사용되지 않았다.
'채륜' 님이 개량하신 종이잖아?
팔락
이 구리거울을 포장하는 종이에 기록할 수 있지 않을까?

105년 채륜은 자신이 만든 종이를 황제에게 바쳤고, 그 후 종이는 문자를 기록하는 용도로 널리 사용되었다.
그러던 중 환관※인 채륜이 나무껍질, 삼베, 그물 등의 재료에서 뽑아낸 섬유를 활용해
종이를 만드는 방법(제지법)을 고안해냈다.
※ 궁전에서 왕가를 섬기는 시종

이것이 바로 오늘날까지 이어지고 있는 제지법의 기원이다.
오호…
팔랑…
실로 엄청난 기술이구나.
화제

여기에는 어린 황제를 앞세워
권력을 잡으려는 황후와 외척들의 음모가 숨어 있었는데…
큭큭, 어린 황제를 돕는다는 명분으로
우리가 조정을 장악하자!
슬금슬금…

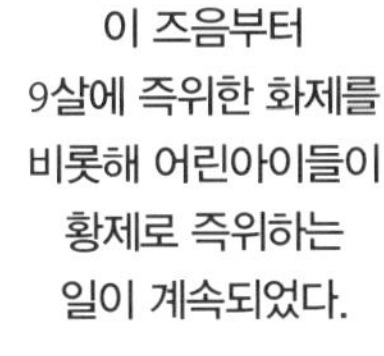
이 즈음부터 9살에 즉위한 화제를 비롯해 어린아이들이 황제로 즉위하는 일이 계속되었다.

그렇게는 안 되지!
스윽

이후로도 외척과 환관은
사리사욕을 채우기 위해 권력 다툼을 이어갔다.
킁이이…
뭐!
왕가를 보필하는 우리 환관들이야말로
권력이 필요해!

이에
외척과 환관에게
맞서는 유학자와
관료들도 있었으나,
폐하를 꼭두각시로 만들고도 무사할 줄 아는가!
조정을 원래 모습으로 되돌려야 하오!
시끄러운 놈들이군.
누명을 씌워 감옥에 가둬야겠다.
칫

이들은 환관 측의
계략으로 감옥에
갇히고 말았다.
(당고의 금)

참고로
이때 칩거※1
명령을 받은
학자 중에는
유학 연구로
명성이 높은
훈고학자
'정현'도 있었다.
정현

※1 자의나 타의에 의해 집 안에만 있는 것

훈고학은
유가의 경전을
이해하기 위해
문자와 어구를
해석하는
학문으로
해석을 덧붙여 바르게 이해하자!
정현 외에도
후한의
'마융' 등이
훈고학자로
손꼽힌다.

그러던 184년
한 종교 단체를
주축으로 반란이
일어났다.
이들은 머리에
노란 두건을
썼기 때문에
이 반란을
'황건적의 난'
이라고 부른다.
황건적의 난은
10개월 만에
진압되었지만
전국에서 난리가
끊이지 않았다.
와아아아아아아!!
황건적
이다!
그리고
황건적과 맞서
싸운 이들 가운데
새로운 세상을
만들려는 3명의
군웅이 등장했으니,
조조
훗날
위(魏)를
건국하는
'조비'의
아버지
'조조'.
손견
훗날
오(吳)를
건국하는
'손권'의
아버지
'손견'.
유비
그리고 훗날
촉(蜀)을
건국하는
'유비'였다.

강적들을
차례로 쓰러뜨려
화북 지방을
손에 넣었다.
탁 탁
흠, 아직
우리군의 상황이
안정되지 않았는데,
남쪽의 손씨 일가가
심상치 않아.
이 세 사람 중
가장 먼저
두각을 드러낸
것은 조조였다.
만리장성
지켜드리죠
숨겨줘!!
황허 강
황해
낙양
허도
(쉬창)
양쯔 강
조조는
황건적의
난을
평정한 뒤
혼란한 낙양에서
도주한 황제를
자신의 근거지인
허도로 맞이해
실권을 잡았고
철컥...
양쯔 강 남부에서는
황건적의 난을 진압해
출세한 손견의 아들
손권이 기반을 다지고
있었다.
손권
손견의 아들

※2 중국 북부 황허 강 중하류의 통칭

장안
낙양
양쯔 강
건업
(난징)
아버지도 형님도 강남을 평정하는 대업을 이루지 못하고 돌아가셨어.
가문을 위해서라도 유능한 인재를 모아 신중하게 세력을 유지해야 한다.

※3 양쯔강 하류

한편 유비는 변변한 영지도 없이 전국을 떠돌다가
중국 대륙 중부 지방인 형주에 몸을 의탁하고 있었다.

인상은 나쁘지 않은데.
흠….

싱긋

저 유비라는 분 말이야. 전한 시대 '경제' 폐하의 후손이래요.
하지만 경제께선 자식만 1백 20명이 넘지 않느냐.
앗!

자신의 능력을 펼치고자 유능한 인재를 찾고 있던 유비는
형주에서 인생의 전환점이 되는 인물 '제갈량'을 만났다.
제갈량
유비의 군사

선생, 이 난세에서
내 핏줄인 한 황실을 부활시킬 좋은 방도가 없겠습니까?
화북의 조조와
강남의 손권,
그리고 주공.
이 세 사람이 천하를 나누어 가지면 됩니다.

천하를 나눈다고요?
먼저 이 형주를 거점으로 삼아 익주(촉)를 차지하십시오.
화북
강남
형주
익주
와아!!

주공,
그러니
손권에게
동맹을
요청하고
오겠습니다.
조조는 더 이상
남하하지
못할 테고
그다음
손권과 함께
조조를
공격한다면
주공과 조조,
손권이 천하를
나눌 수 있습니다.
(천하삼분지계)
화북
익주
형주
강남

그러나
208년
조조가
형주 정벌에
성공했다.
그는 이어
손권을 치기로
했다.
다다다 다다다다 다 다
겨우
살았다!
서둘러 손권과
동맹을 맺고
반격하자!

손권군 진영

손권 님, 조조가
대군을 이끌고
이곳 강남으로
진군해 오고 있다
하옵니다!

크윽,
조조군의
병력이
너무 많다….

주유
손권의 군사

적이 비록
대군이기는 하나,
형주에 있던
유비가 동맹을
요청해
왔습니다.

받아
들이는
것이
어떻
습니까.

그리고
제게 대책이 있습니다.

조조와 싸우기로 결심한 손권은

제갈량을 통해 유비와 동맹을 맺고

조조의 대군에 맞섰다.

조조군 병력 40만

VS.

손권군 병력 10만

유비군 병력 2000

양측은 양쯔 강 중류의 '적벽'이라는 곳에서 수군을 이끌고 잠시 대치했는데,
마침내 주유가 작전을 실행했다.

조조 님!
손권군의 장수가 항복하겠다고 찾아왔습니다.

후훗
뭐라? 실로 현명한 자로군.

저 배들인가?

아뿔싸!
적의
계략이다!
배에는
기름을 먹인
땔감이
가득 실려
있었다.
뭉게
뭐야!
불타고
있잖아!

불타는
배들은 그대로
조조군 함대로
돌진했고,
흔들리지
않도록 배끼리
연결해 두었던
조조군 함대는
아니
이럴
수가…
40만
대군이
….
눈 깜짝할
사이에
불바다로
변해
버렸다.

그렇게 이
'적벽대전'을
계기로
조조와 유비,
손권 세 사람이
천하를 나누는
'천하삼분지계'가
이루어졌다.
적벽

대부분의 병사를
잃은 조조는
서둘러 북쪽으로
도망쳤다.
두두두두

220년
삼국 시대의
막이 열렸다.
이로써
후한이
멸망하고

시간이 흘러 조조가 죽은 뒤
그의 아들인 '조비'가 후한의
황제로부터 황위를 선양받아
'위(魏)'를 건국했다.
문제(조비)
위(魏)의 초대 황제

이듬해
유비는 익주에
촉을 세웠고
229년에는
손권이 강남에
오를 건국했다.
위(魏)
촉(蜀)
오(吳)

삼국 시대의 역사는
3세기 후반에 들어
『삼국지』로 집필되었고
훗날 원(元) 시대
말기에 들어서는
『삼국지연의』[※1]라는
소설로 만들어졌다.
三國志演義

※1 명(明) 시대에 개량돼 오늘날 전해지는 판본이 완성됨

한편
문제는 즉위 초
'구품관인법'
이라는 새로운
인재 등용 제도를
도입했다.
몇 품일까?
품계
상
1품
2품
3품
4품
5품
6품
7품
8품
9품
하
인재를
9품계로
구분하고
각 품계에
어울리는
관직을
수여하는
제도다.

이 제도는
우수한 인재를
등용하기 위해
도입되었지만,
호족의 자제들이
높은 품계와 관직을
독점하게 되면서
문벌 귀족※2이
형성되는 결과를
낳았다.
태어날 때부터 높은 품계!
품계
이것만 있으면 출세할 수 있는데~

※2 고위 관직을 세습해 독점하던 호족을 총칭함

진 · 한 시대만 해도
출신에 상관없이
실력만 있으면
관료로 등용돼
지배층으로 성장할
수 있었지만
품계
품계
칫…
품계
이 시기
부터는
신분이
고정되면서
신분 상승이
어려워졌다.

한편 촉은
유비와 제갈량이
세상을 떠나고
국력이 약해져
263년 위의 손에
멸망했다.

이제 오만 손에 넣으면 천하는 짐의 것이다.

아니 그러한가, 사마염!

맞습니다, 폐하. 하지만 그 전에…

원제
위(魏)의 마지막 황제

사마염
위(魏)의 장군

265년 위의
장군이었던
사마염(무제)이
나라를 빼앗고
'진(晉)'※1을
건국했다.
뭐!!
척억
제게 황위를
넘기시지요!

※1 서진(西晉)을 말함. 시황제의 진(秦)과는 다른 나라임

이어 그는 280년
오를 무너뜨리고
중국을 통일했다.
삼국 시대
최후의 승리자는
위도 촉도 오도
바로 아닌
우리다!
하지만
불안정한 정치와
지방 호족들과
손을 잡고
힘을 기른 북방
이민족들로 인해
진의 통일도
30년 만에
끊어졌다.

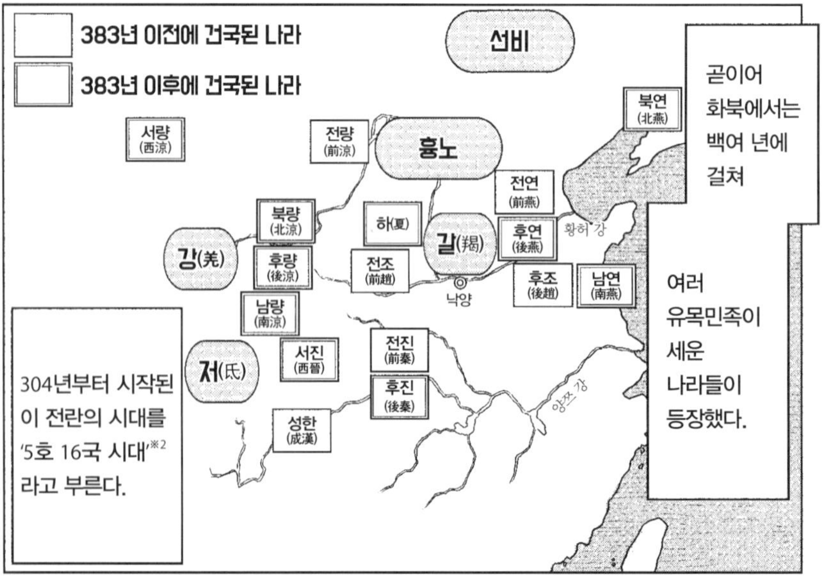

383년 이전에 건국된 나라
383년 이후에 건국된 나라
선비
북연(北燕)
서량(西涼)
전량(前涼)
흉노
전연(前燕)
북량(北涼)
하(夏)
갈(羯)
후연(後燕)
황허 강
강(羌)
후량(後涼)
전조(前趙)
후조(後趙)
남연(南燕)
낙양
남량(南涼)
전진(前秦)
서진(西晉)
저(氐)
후진(後秦)
양쯔 강
성한(成漢)

곧이어
화북에서는
백여 년에
걸쳐
여러
유목민족이
세운
나라들이
등장했다.

304년부터 시작된
이 전란의 시대를
'5호 16국 시대'※2
라고 부른다.

※2 5호(다섯 오랑캐)는 유목민족인 '선비 · 흉노 · 강 · 저 · 갈'을 말하며, 16국은 화북(화베이) · 사천(쓰촨) 지방에서 흥하고 망한 여러 소국을 통칭함. 사료에 따라 나라 수와 국명이 다름

이후 5세기경
중국 대륙에는
다양한 민족이
어우러지면서

다양한
사상과
문화가
생겨났다.

북위(北魏)

낙양

그러던 386년
선비족에 속하는
탁발 씨가 북위를
건국했는데,

'태무제' 대에
들어 화북을
통일했다.

이로써 439년
5호 16국 시대가
막을 내렸다.

태무제

불교는 1세기경
서역을 통해 전파돼
4세기 후반부터
사람들 사이에
퍼져 나갔는데,

이 즈음 이러한
불교의 전파에
자극을 받아
'도교'가 탄생했다.

도교는 예로부터
전해지던 민간신앙과
신선 사상[※3]에
도가의 가르침인
'무위자연(無爲自然)'이
합쳐져 만들어진
종교였으나,

한편으로는 불교의
영향을 받았다.

노자(이이)
도가의 시조

※3 고대 중국의 신비주의로 불사와 장수를 추구하는 신선설로 발전함

당시에는 '구겸지'라는
한 도사가 교단을
세우고 태무제의
신임을 받아
불교를 비판하며
세력을 떨쳤다.
구겸지

도교에서는
수행자를 가리켜
'도사'라 불렀다.

폐하,
외래 종교인
불교를
믿으셔서는
안 됩니다.
모든 사찰을
부순 뒤
경전을
불태우고
승려들을
몰살
하십시오.
그대가
그리
말한다면
….

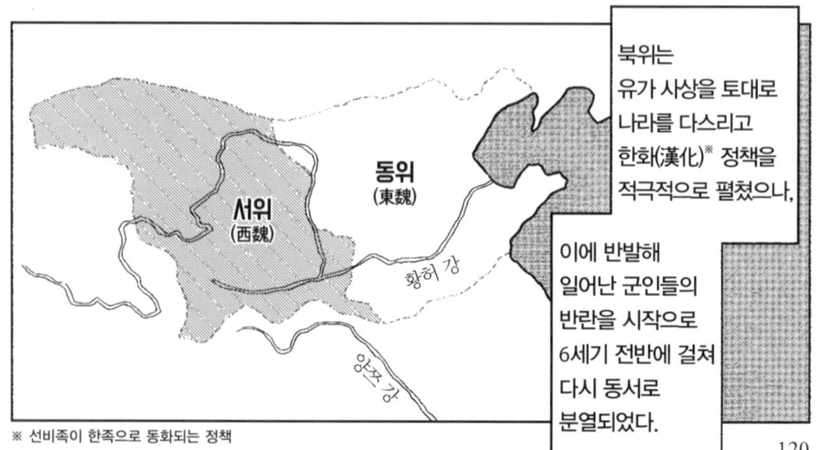
북위는
유가 사상을 토대로
나라를 다스리고
한화(漢化)※ 정책을
적극적으로 펼쳤으나,
이에 반발해
일어난 군인들의
반란을 시작으로
6세기 전반에 걸쳐
다시 동서로
분열되었다.
동위
(東魏)
서위
(西魏)
황허 강
양쯔 강

※ 선비족이 한족으로 동화되는 정책

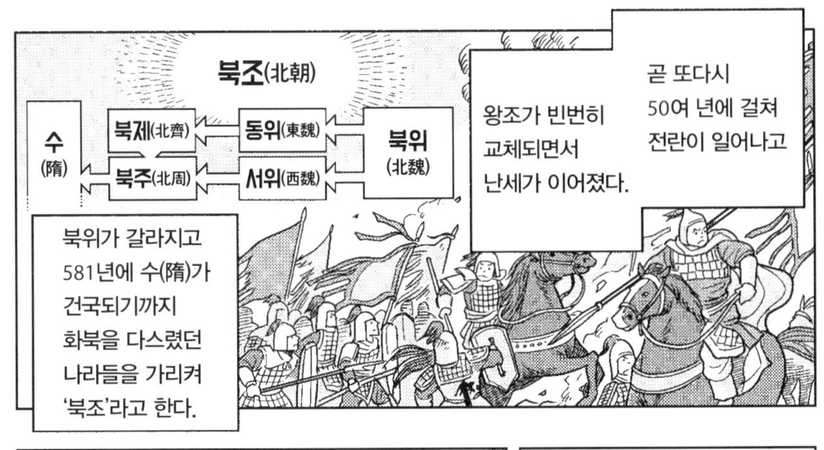

북조(北朝)
수(隋)
북제(北齊)
북주(北周)
동위(東魏)
서위(西魏)
북위(北魏)
북위가 갈라지고 581년에 수(隋)가 건국되기까지 화북을 다스렸던 나라들을 가리켜 '북조'라고 한다.
곧 또다시 50여 년에 걸쳐 전란이 일어나고
왕조가 빈번히 교체되면서 난세가 이어졌다.

동진(東晋)
송(宋)
제(齊)
양(梁)
진(陳)
수(隋)
남조
(南朝)
이후 강남에서도 제(齊), 양(梁), 진(陳) 순으로 왕조가 교체되었다.
한편 강남에서는 4세기 전반 동진(東晋)이 건국되었으나, 장군 '유유'가 실권을 잡고 제국을 무너뜨린 뒤 송(宋)을 건국했다.
유유
송(宋) 무제

그렇게 송, 제, 양, 진 4개국은
도합 한 세기 반 동안 북조와 대립했다.
북조
대립
남조
낙양
건강
(난징)
후한이 멸망한 220년부터 589년까지 거의 400년에 달하는 이 분열의 시대를 통틀어
'위진 남북조 시대'라고 부른다.

따라서 군주들은
농민의 생활을
안정시키고
조세 정책을 정비할
필요가 있었다.

이 시대에는
오랜 전란으로 인해
농민들의 생활이
피폐해져 있었다.
전란으로
땅을
잃었어….
고향을
버리고
떠나거나
지주 밑에서
일하는
수밖에
없겠어.

백성의 신분,
성별, 연령에
따라 농지를
지급하라.
소유자가
죽으면 농지를
다시 조정으로
거둬들여라.
균전제
효문제 북위

쉬고 있는 토지에
소작농을 모아
일하게 하라.
농사에 필요한
농기구와 소를
빌려주되 수확물의
절반을 세금으로
거둬들여라.
둔전제
조조 후한 말

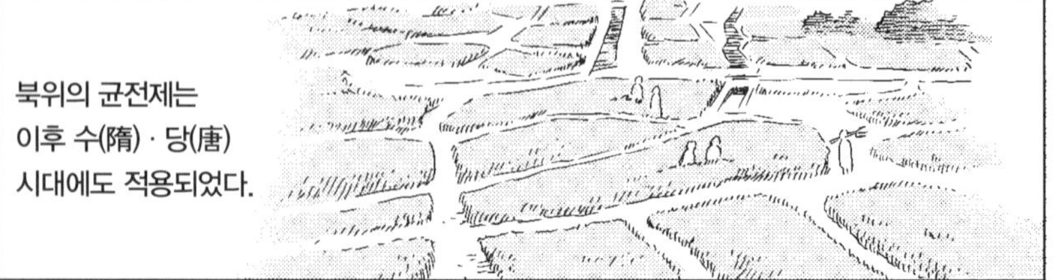
북위의 균전제는
이후 수(隋) · 당(唐)
시대에도 적용되었다.

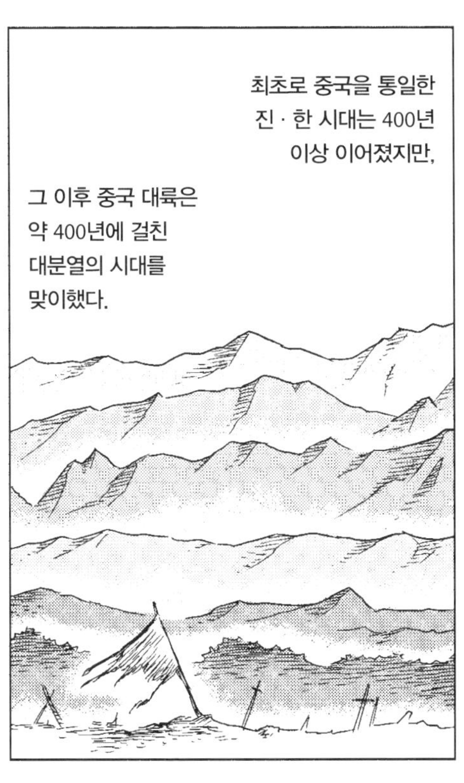
최초로 중국을 통일한
진 · 한 시대는 400년
이상 이어졌지만,
그 이후 중국 대륙은
약 400년에 걸친
대분열의 시대를
맞이했다.

'화설천하대세 분구필합 합구필분'
(話說天下大勢 分久必合 合久必分)
'무릇 천하의 대세란 나뉜 지
오래되면 반드시 합쳐지고,
합쳐진 지 오래되면
반드시 나뉘는 법이다.'
–『삼국지연의』 서두

그리고 7세기
광활한 영토를
다스리며
세계적인 제국으로
성장하는 '당(唐)'이

다시 한 번
난세를 끝내고
중국 대륙을
지배했다.

제3장 번영하는 로마 제국
옥타비아누스
로마의 정치가
율리우스 카이사르
로마의 군인 · 정치가
로마 제국은
'카이사르'와
같은 위대한
지도자를
거치며

강대국으로
성장해 드넓은
지중해 연안
각지에 많은
영향력을 미쳤다.
그러나 이러한
로마 제국 역시
기원을 거슬러
올라가면
이탈리아 반도
중부의 작은
마을이 등장한다.
로마
전설에 따르면
로마는 기원전
8세기 중반
응애 응애
'로물루스'라는 인물이
세웠다고 전해진다.
그는 어떤 영웅의
혈통이었으나
쌍둥이 형제와 함께
버려져 늑대의 품에서
자랐다.

로마는
건국되고
약 250년
동안
왕이
다스렸다고
전해진다.※

※ 전설에 따르면 약 250년 동안 7명의 왕이 다스렸다고 하지만 확실한 사료는 없음

그런데
왕 혼자서
나랏일을
결정하는 건
이상하지
않냐?
맞아!
함께
논의해서
결정
해야지!

좋아, 앞으로
중요한
나랏일은
모두 함께
결정하자!
아니아니
그래도 역시
지도자는
있어야 되지
않겠니…?

그렇긴
하지.
휴~.

그럼
지도자도
다 같이
이야기해서
결정하자!
주기적으로
교체하는 건
어때?
오오~
다른 관직도
그렇게
정하자고!
뭐~?
기원전 509년
왕정 시대가
막을 내리고
원로원이 나랏일을
논의하는 '공화정'
시대가 열렸다.

집정관은
1년에 두 명씩
선출했는데
누구나
오를 수 있는
자리는
아니었다.
팟
지도자의
직함은
'집정관(콘술)'
이라고 하자!
CONSUL

집정관이
될 수 있는 건
고귀한 혈통을
타고난 우리들
'귀족(파트리키)'
뿐이라고!
다른 관료도
될 수 없어!
너
바보냐!

얼씨구?
평민
나부랭이가!
탁

엄마!
저는 커서
집정관이
되고 싶어요!

원로원이
뭐예요?
실권을
쥐고 나라를
다스리는
기관이란다.
대부분 관료
출신이야.

젠장,
귀족
놈들!
저놈들이
우쭐대는 건
원로원의 힘이
너무 강한
탓이야!
하 하 하 하

※1 시민 중 성인 남성만 참여할 수 있는 의결기관
※2 고대 그리스의 도시국가

그리스
폴리스※2의
민회와
비슷한 거야.
그건
아니지!
그리스에서는
원로원보다
민회의 발언권이
더 세잖아.

정치나 외교처럼
중요한 나랏일은
모두 원로원에서
정해지지.

우리는
원로원에
들어갈 수
없나요?
평민은
민회※1에
참여할 수
있단다.

평민은 정치를
전혀 모를 거란
귀족 놈들의
사고방식이
문제야.
이렇게
귀족에 대한
평민들의
불만이
심해지자
귀족들도
불만을
해소시킬
방법을 찾기
시작했다.

평민들은
법률을
기록하지
않고
귀족들이
독점하고
있는 게
불만인
듯하오.
평민과의
대립만은
막아야
합니다.

슬쩍
슬쩍
기원전 367년에는 「리키니우스-섹스티우스 법」에 따라 집정관 중 한 명은 평민을 선출하게 되었다.
평민
귀족
CONSUL
집정관
그렇게 기원전 450년 그동안 구전돼 오던 법률을 기록한
최초의 성문법 「12표법」이 탄생했다.

나아가 기원전 287년에는 평민회※2에서 결정한 사안을 원로원의 승인을 받지 않아도 국법으로 삼을 수 있는 「호르텐시우스 법」이 제정되기도 했다.
귀족들끼리 로마의 법률을 제정하는 시대는 끝났다!

※2 평민들이 평민 계급과 관련된 사안을 결정하던 집회

그러나 일부 평민이 귀족으로 성장하면서
새로운 귀족층인 '노빌레스'가 등장했다.
결국 또다시 결정권을 가진 일부 계급이 로마의 정치를 좌우하게 된 것이다.

기원전
4세기
와아아아아!!
로마군
전진!

SPQR
SENATUS POPULUSQUE ROMANUS
= 로마의 원로원과 시민
이것이 로마의 정식 명칭이란다.
그렇구나, 결국 원로원의 존재가 중요한 거네요.

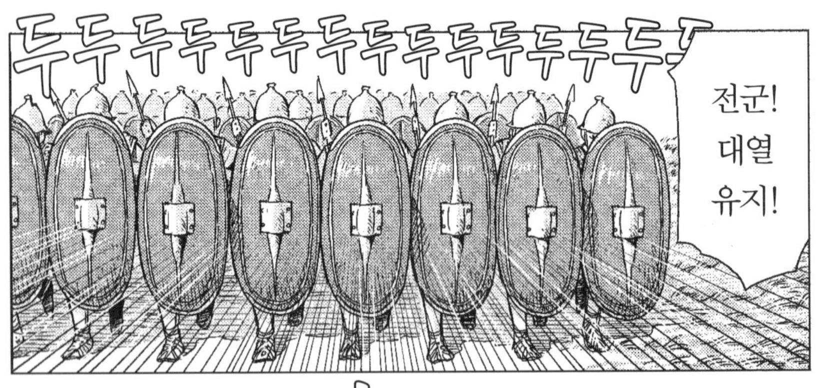
두두두두두두두두두두두두두두
전군! 대열 유지!

콰쾅!!

※1 오늘날 토스카나 지방에서 번성했던 민족
※2 이탈리아족의 한 갈래로 고대에 번성함

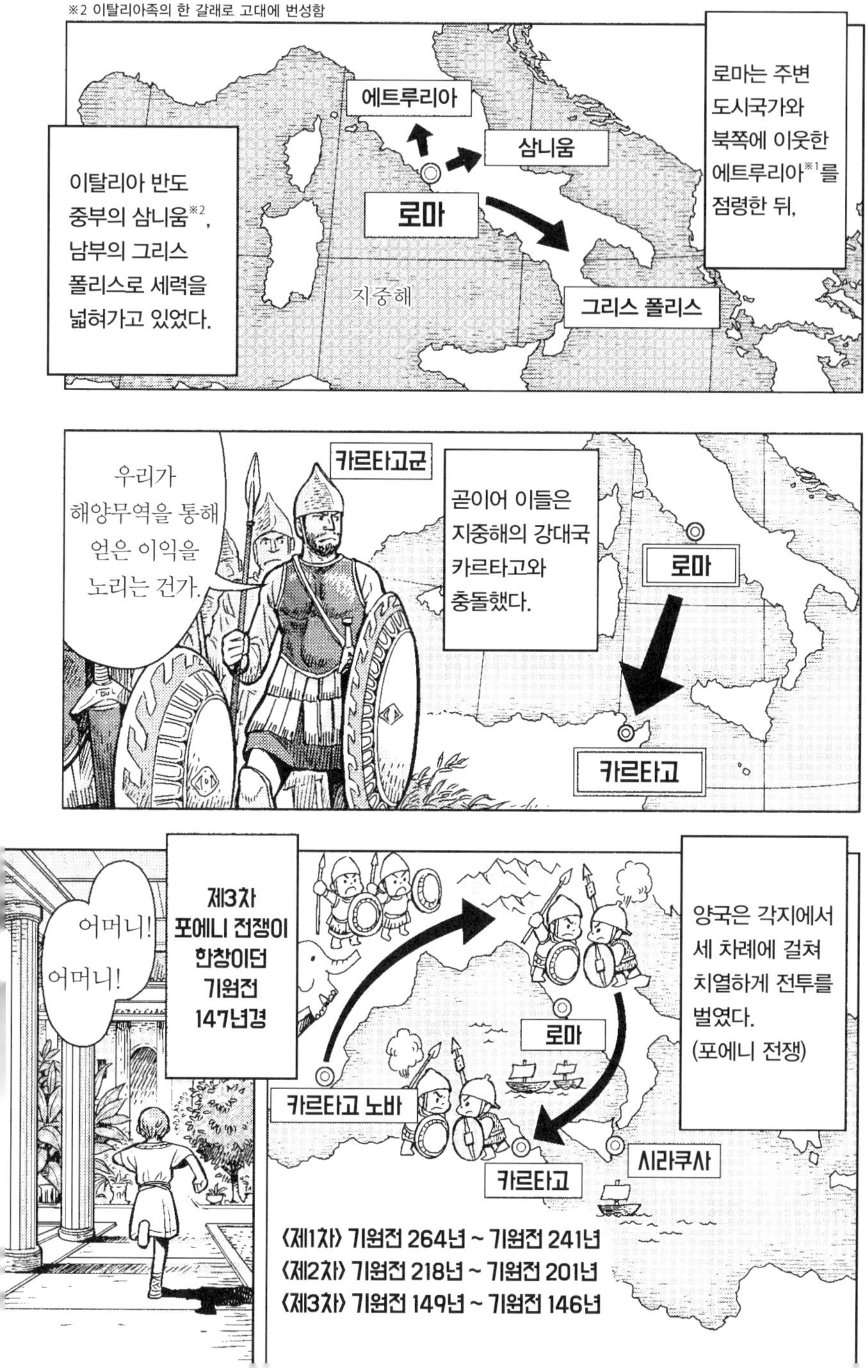

로마는 주변 도시국가와 북쪽에 이웃한 에트루리아[※1]를 점령한 뒤,

에트루리아

삼니움

로마

이탈리아 반도 중부의 삼니움[※2], 남부의 그리스 폴리스로 세력을 넓혀가고 있었다.

지중해

그리스 폴리스

카르타고군
우리가 해양무역을 통해 얻은 이익을 노리는 건가.
곧이어 이들은 지중해의 강대국 카르타고와 충돌했다.
로마
카르타고

어머니! 어머니!

제3차 포에니 전쟁이 한창이던 기원전 147년경

양국은 각지에서 세 차례에 걸쳐 치열하게 전투를 벌였다. (포에니 전쟁)

로마

카르타고 노바

시라쿠사

카르타고

〈제1차〉 기원전 264년 ~ 기원전 241년
〈제2차〉 기원전 218년 ~ 기원전 201년
〈제3차〉 기원전 149년 ~ 기원전 146년

심지어 '소 스키피오'※ 휘하에서요!
티베리우스 그라쿠스

무슨 일이니, '티베리우스'?
저도 드디어 카르타고와 싸울 수 있게 되었어요!

※ '스키피오 아이밀리아누스'를 말함. '대 스키피오'는 제2차 포에니 전쟁에서 활약한 '스키피오 아프리카누스'

형아, 카르타고는 어떤 나라야?
가이우스 그라쿠스

다행이구나. 네 외할아버지이신 '대 스키피오'와 견줄만한 명장이니 말이야.
형아, 대단하다!

네 할아버지께서는 제2차 포에니 전쟁에서 카르타고의 명장 '한니발'을 격파하고 로마를 승리로 이끄셨단다.
대 스키피오
로마의 장군

지중해 연안의 나라들과 무역을 하며 부를 쌓은 나라야.
해군이 무척 강하다고 들었어.

…잘 아는구나.

알고 있니? 우리 로마는 제1차 포에니 전쟁에서도 카르타고에 승리했었단다.
이에 카르타고는 한니발을 앞세워
다시 로마를 공격했지.

제2차 포에니 전쟁
북이탈리아
와—
북쪽에서 카르타고가 쳐들어왔다!

헉, 정말로 코끼리를 타고 올 줄이야.

뿌우우우…

전술이 통했습니다.

고생해서 데려온 보람이 있군.

로마까지 짓밟아 주마.

한니발 바르카
카르타고의 장군

로마 원로원

적군은
코끼리
부대를
이끌고
알프스 산맥을
넘어 북쪽에서
이탈리아 반도로
침입했다고 하오!
알프스 산맥
이베리아 반도
로마
카르타고 노바
카르타고
지중해

말도
안 돼
….
서둘러
막아야
합니다!
병사부터
늘리시죠!

기원전
216년
칸나에
평원
한니발 장군님!
적군의 수가 너무
많습니다. 이대로
가다가는….

우리군
기병이
더 많다!
작전대로
재빠르게
놈들을
포위해라!

양옆에서
뒤쪽으로 이동!
기병
기병
알겠
습니다
로마군
카르타고군
뭐, 뭐야!
언제
포위당한
거지?
아무리
병력이
많아도
포위되면
끝장이야!
로마군

로마
놈들.
혼쭐을
내주마.

두두두두두두두두
크아악!!
으어억

로마군은
'칸나이 전투'에서
한니발의 작전에
크게 패배하고
말았단다.
SPQR

너희 외할아버지께서는
한니발이 자리를 비운 사이
이베리아 반도를 정복한 뒤
카르타고 본국까지 공격하셨지.
이베리아
반도
로마
카르타고 노바
카르타고

그때 로마를
구한 사람이
바로 너희
외할아버지
셨어.

히잉,
그럼 로마가
한니발에게
정복당한
거예요?
그럴 리
없잖아.
로마는
포기하지
않았어.

한니발의 전술은 이미 모두 파악했다.

로마는 내가 지킨다!

한니발 장군님!
대 스키피오가 본국을 공격하고 있다고 합니다!
뭐라고?!

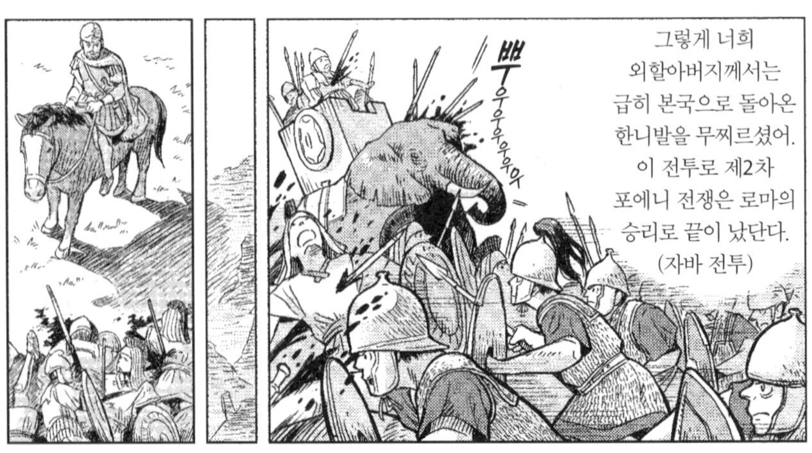

뿌우우우우우아
그렇게 너희 외할아버지께서는 급히 본국으로 돌아온 한니발을 무찌르셨어. 이 전투로 제2차 포에니 전쟁은 로마의 승리로 끝이 났단다. (자바 전투)

와…
외할아버지는
엄청 대단한
장군이셨구나
….

칸나이
전투의
복수인가…
부하들이…!

하지만 카르타고와의
싸움은 아직 끝나지
않았어. 2년 전에
제3차 포에니 전쟁이
시작되었거든.

쓰담
그렇단다,
가이우스.

소 스키피오
제3차 포에니 전쟁에서
활약한 장군
이 전쟁에서
로마군을 이끌고
있는 분이 바로
소 스키피오
장군님이야.

그렇게 지중해의
강대국 카르타고는
역사의 뒤안길로
사라졌다.

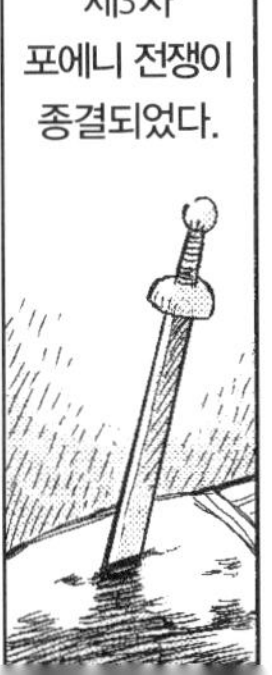
기원전 146년
소 스키피오의
활약으로
제3차
포에니 전쟁이
종결되었다.

이 기나긴
싸움에
마침표를
찍겠다!

그 후 로마의 영향력은 지중해 전역으로 뻗어나갔다.
로마
지중해
시리아
이집트
장군님, 우리 로마가 지중해를 차지했습니다!
흠, 아직 시리아와 이집트가 남았으니 당장 큰일이 일어나지는 않을 거다.

그로부터 13년 뒤

성인이 된 티베리우스는 호민관※1으로 취임했는데,

※1 평민의 권익을 지키기 위해 1년 임기로 선출되는 평민층 대표

이때부터 그라쿠스 형제의 개혁이 시작되었다.

티베리우스

가이우스

그라쿠스 형제

이제 로마에 필요한 개혁을 단행할 수 있겠구나.

형님! 호민관 취임을 축하드립니다!

고맙다, 가이우스.

당시 로마는 끊임없이 전쟁을 벌이고 있었다. 이에 계속되는 병역과 전투로 인해 피폐해진 농민들은 농지를 버리고 일자리를 찾아 도시로 몰려들었다.
우리도 로마 시민이다!
일자리를 달라!
권력자
반면 귀족들은 정복지와 농민들이 버리고 간 토지를 이용해
올리브와 포도를 기르는 대농장※2을 경영했다.
흥
대농장의 이익은 모두 내 거야!

※2 '라티푼디움'. 이탈리아 각지에 이러한 대농장을 세우고 대량의 노예를 혹사시켰다고 전해지나, 최근에는 이 견해를 부정하는 의견도 나오고 있음

나는 평민을 수호하는 호민관으로서
귀족들이 차지한 농지를 다시 빼앗아
농민들에게 나누어 줄 거야!

아, 형님의 개혁은 고통받는 평민과 로마를 구하기 위한 거구나!

티베리우스는 토지개혁을 통해 로마 사회를 다시 일으켜 세우려고 했다.
귀족의 토지를 거둬 농민들에게 나눠줘야 합니다!
그러나

형님!

이 의견에 반대하는 폭동이 일어났고 그는 살해 당했다.
으악

호민관이래도 정말 너무하네!
뭐?! 횡포다!

티베리우스가 죽고 10년 뒤

이번에는 동생인 가이우스가 호민관으로 취임했다.

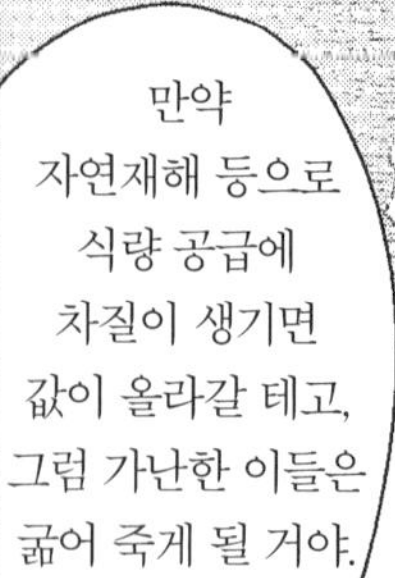
만약 자연재해 등으로 식량 공급에 차질이 생기면 값이 올라갈 테고, 그럼 가난한 이들은 굶어 죽게 될 거야.

지금의 로마는 속주에 있는 귀족들의 대농장에서 수확된 값싼 농산물에 의존하고 있어.

로마

지중해

가이우스

정부가 매년 농민들에게 정해진 양의 곡물을 사들이고 사람들에게 싸게 파는 거야!

우선 주식인 곡물 가격부터 안정시켜야 해.
어떻게 하시려고요?

저벅저벅
…형님처럼 평민을 위해 개혁을 단행할 때야!

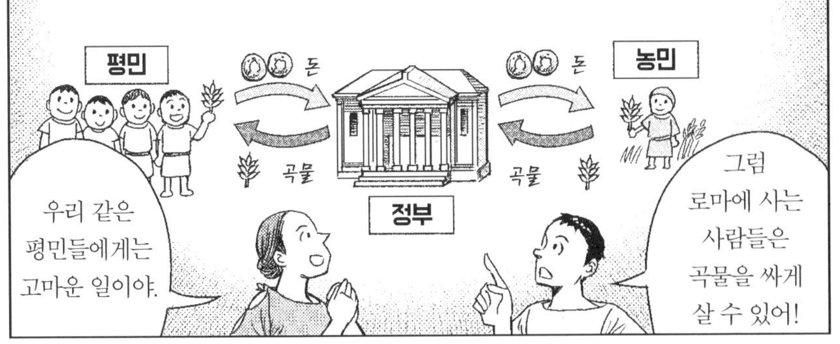
평민
돈
돈
농민
곡물
곡물
정부
그럼 로마에 사는 사람들은 곡물을 싸게 살 수 있어!
우리 같은 평민들에게는 고마운 일이야.

원로원 의원들처럼 부유층 이잖아요.
곡물값이 떨어진다고 좋아할까요?
기사 계급?
그러니 기사 계급(에퀴테스)을 우리 편으로 만들 거야.
흠, 평민들이 나를 지지해 주겠지만 그것만으로는 원로원과 맞설 수 없어.

원로원의 권한을 축소하고 기사 계급의 권한을 늘리면 돼.
원로원도 약화시킬 수 있으니 일석이조지.

※ 오늘날의 배심원과는 의미가 다름. 당대에는 재판에 참여해 유죄 여부를 판단하는 일종의 재판관(심판자) 역할

배심원※을 원로원이 아닌 기사 계급에 넘겨주겠다고?!
타앙
가이우스놈, 제 형처럼 원로원에 맞설 생각인가.
이대로 두면 우리 같은 귀족들이 손해를 보게 될 거요.
….
형과 같은 길을 걷겠다면 같이 보내줄 수밖에…

철컥…

형님,
이 능력 없는
아우를
용서하세요.

기원전
121년
반대파에
쫓기던
가이우스는
스스로 목숨을
끊었다.

그라쿠스
형제의
개혁은
귀족이 독점하던
토지를 재분배해
농민의 수를
안정적으로 확보하려는
계획이었으나 끝내
실패하고 밀있다.

그라쿠스
형제의
개혁 때부터
로마는
'내란의
1세기'를
맞이했다.

북쪽의 여러
게르만족[※1]이
침입했고

동맹시[※2]
에서도
반란이
일어
났으며

로마에서도
내란이
발생했다.

※1 북독일부터 발트해 연안에 이르는 지역에 살던 인도유럽인의 한 갈래

※2 로마 공화정 시기 영향력에 눌려 로마와 조약 · 동맹을 맺었던 도시국가를 말함

혹시
저 사람이
그 유명한
…
맞아! 로마를 위해
게르만족과 맞서
싸운 그 '마리우스'
집정관님이야!

이러한 상황 속에서
한 평민 출신
정치가가 군사개혁을
주장하며 영향력을
키우기 시작했다.
평민 여러분!
여러분들을
위해서라면
원로원과 귀족이
상대라도 맞서
싸우겠소!
가이우스 마리우스
평민파※3

※3 원로원에 반대하는 세력으로 평민들의 지지를 받았음

여태껏 로마는
필요할 때마다
병사를
징집해왔지만,
나는
직업이 없는
이들을 병사로
고용했소.

그렇소.

그때까지 로마는
전쟁이 일어난
경우에만
시민을 군사로
징병했었다.

그들 덕분에
나는
게르만족을
이길 수
있었고
더 이상
병사가
부족할 일도
없지.
마리우스 님은
아무것도 없었던
저희에게 일을
주셨습니다.
그러니
저희는
충성을 다할
것입니다.

※1 황제가 다스리는 정치체제. 군주제의 일종

하지만 마리우스의 등장 이후로 권력자와 그에게 충성하는 전업 군인들로 군대가 꾸려졌다.
권력자와 전업 군인의 강한 유대 관계는 훗날 제정※1으로 이어졌다.

마리우스는 평민들의 지지를 받아 집정관으로 선출돼
평민들의 의견만 듣고 있습니다!
술라
원로원파※2
한편 이 시기 마리우스에게 강력한 라이벌이 나타났는데…

※2 원로원 중심의 정치를 중시하는 파벌

평민
원로원을 등에 업은 술라는 마리우스와 격렬하게 대립했다.
원로원
마리우스
술라
술라라… 마리우스에 맞설 수 있을 만한 인물 같군.
저는 다릅니다! 원로원을 존중하며 원로원을 위해 싸우겠습니다!

※2 기원전 91년부터 기원전 88년까지 이어짐

하지만 이때 동맹시들이 로마에 반기를 들어
'이탈리아 공화국'을 결성한 뒤 전쟁을 일으켰다.※2 (동맹시 전쟁)

어째서 동맹시들이 반란을 일으킨 걸까?
로마에 복종해도 시민권을 받지 못하니까 그렇지.
토지 분배나 면책 특권에서 로마 시민보다 불리하거든.
아하, 시민권을 원하는 거구나.

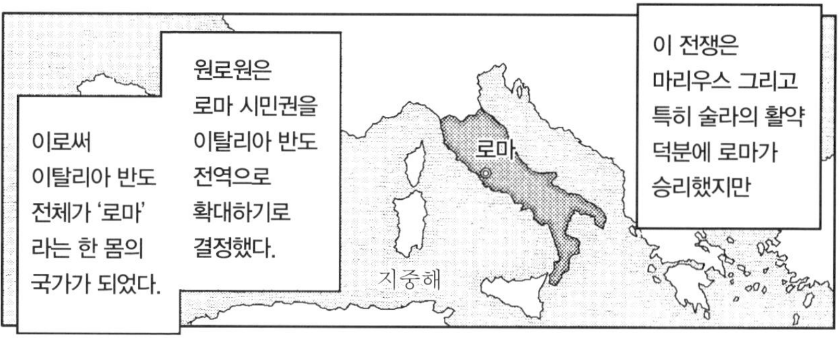

이 전쟁은 마리우스 그리고 특히 술라의 활약 덕분에 로마가 승리했지만
원로원은 로마 시민권을 이탈리아 반도 전역으로 확대하기로 결정했다.
이로써 이탈리아 반도 전체가 '로마'라는 한 몸의 국가가 되었다.
로마
지중해

전쟁은 끝났지만 마리우스와의 싸움은 더 치열해지겠어.
이후 두 사람의 대립은 한층 첨예해졌다.

원로원파를
용서하지
맙시다!

두둥
평민파를
로마에서
몰아냅시다!

술라가 죽은 뒤
로마는 또다시
혼란에 휩싸였다.
최종적으로는
술라가 승리해
독재관※으로
취임했지만

※ 비상시에 원로원이나 민회의 승인을 받아 지명되던 직책. 매우 강한 권력을 가짐

기원전 73년에는 검투사
'스파르타쿠스'의 주도 아래
노예 반란이 일어났다.
(스파르타쿠스의 난)
언제까지
빼앗기기만
할 텐가!
스파르타쿠스

나를
따르라-
!
와아아아아!!
반란군의
규모는 한때
4~12만 명에
달하는 대군
이었다고
전해진다.

이렇게 많은 노예들이 반란을 일으키다니…
이 사건으로 로마는 크게 동요하게 되었다.

계속 몰려서 공격해!!
지말고
이 반란은 곧 로마의 정치가이자 군인인 '크라수스'와 '폼페이우스'에 의해 진압되었으나,

기원전 60년 로마의 어느 저택
쪼르륵…
이런 상황 속에서 원로원의 권세에 맞서려는 조짐이 보이기 시작했다.

폼페이우스 자네,
해적 소탕뿐만 아니라 소아시아와 시리아에서도 큰 승리를 거뒀다면서?
참으로 출중한 실력이야.
크라수스
재력으로 세력을 넓힘
아닐세! 크라수스 자네에 비하면 아무것도 아니지.
폼페이우스
술라의 후계자

하지만
진정 민중들의 사랑을 받는 건 우리가 아니지.

별 말씀을요. 가당치 않습니다.

하하.

율리우스 카이사르
평민파

정치가 카이사르는 거액의 빚을 져가며 가난한 이들에게 곡식을 나눠주고
검투사 경기를 무료로 개최하는 등의 행보로 민중들의 지지를 받고 있었다.
와!

이 무렵 그는 기세를 몰아 집정관직에 입후보한 상태였다.
와아!
응원 할게요!
고마워요. 카이사르!

그런데 카이사르
오늘 우리를 부른 이유는 무엇인가?
흠…
함께 로마를 바꿔 보시지 않겠습니까?
뭐?!

오랜 세월 원로원 의원들은 종신직※이나 다름없었습니다.
뭐, 그 덕에 장기적인 안목으로 정치를 펼칠 수 있었죠.
그게 바로 원로원이 권력을 쥘 수 있었던 이유 아닌가.

※ 평생 그 지위가 유지되는 직위 또는 그러한 제도

그러나 지금의 원로원은 어떻죠? 그들에게는 이제 군사와 외교를 책임질 능력이 없습니다!
고여버린 원로원에 더 이상 정치를 맡겨선 안 됩니다!
자, 자네 그 말은 우리가 로마를 통치할 적임자라는…

그 대신
자네는
무엇을 얻고
싶은 건가.

바로
그겁
니다!
그러니 두 분이
제 뜻에 함께해
주셨으면 합니다.
대신 저는
여러분이
하시는 일에
힘을 보태드리죠.

두 가지
입니다.

하나는
발언권을
높이기
위해
제가
집정관이
되도록
지원해
주시는 것.

다른 하나는
저도 두 분처럼
전쟁에서
훌륭한 공적을
세울 수 있도록
갈리아※ 원정에 나설
군대의 지휘권을
얻는 것입니다.

※ 오늘날 프랑스의 거의 전 지역과 벨기에, 독일 서부 등을 포함한 지역

약속하신
겁니다!
알겠네.
흠,
괜찮은
조건이군.

세 사람은
원로원을 대신해
로마의 실권을
손에 넣었다.
이로써
소위 말하는
'제1회
삼두정치'가
성립되었다.

설마
저 세 사람이
손을 잡을
줄이야….
병사들의
지지를 받고
있으니 일을
벌이면 우리가
위험하오.
한동안
상황을
지켜
봅시다.
원로원

원로원이
카이사르 님에
대한 정치질을
포기한 것
같습니다.

알프스 산맥 북쪽 갈리아
갈리아
알프스 산맥
로마

갈리아인※ 족장에게 전하라!
거역하면 용서치 않겠으니 얌전히 로마의 지배를 받으라고 말이다!

훗, 약속대로
집정관에 올라 내게 큰 힘이 생긴 덕분이지.

※ 서유럽 및 동유럽 등지에 살던 켈트족의 한 갈래

갈리아에서의 전투 기록을 정리하고 계십니까?
그래, 내 공적을 알려야 하지 않겠나.

카이사르의 갈리아 원정은 불과 9년 만에 끝이 났다.

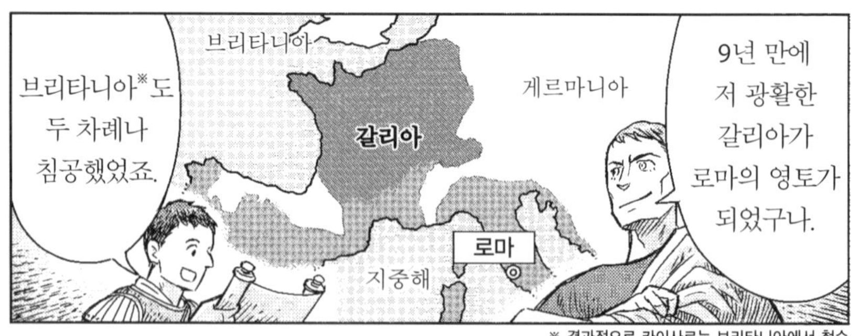
9년 만에 저 광활한 갈리아가 로마의 영토가 되었구나.
브리타니아※도 두 차례나 침공했었죠.
브리타니아
게르마니아
갈리아
로마
지중해

※ 결과적으로 카이사르는 브리타니아에서 철수

카이사르가 라틴어로 기록한 『갈리아 전기』는
당대의 갈리아인과 고대 게르만족에 대해 알 수 있는 역사적 사료로 평가받고 있다.
COMMENTARII RERUM GESTARUM

게다가
갈리아 원정에
성공하면서
민중들 사이에
그의 인기는
더욱 높아졌다.
카이사르는
대단해!!
카이사르
님!!

차르륵…
이것들을
정치가들에게
뿌리면 나의
지지 세력은 한층
강성해지겠지.

또 카이사르는
갈리아에서
수많은 전리품을
가지고 돌아와
막대한 재산을
쌓았다.

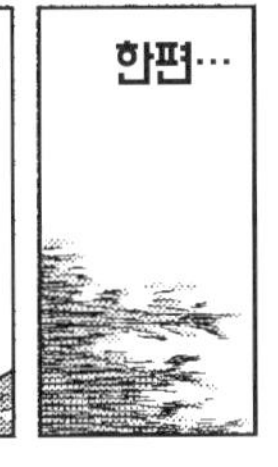
한편…

폼페이
우스,
자네의 친구,
크라수스가
파르티아 원정에서
전사한 지 벌써
몇 년이 지났네.
이제
카이사르와
협력할
필요는
없지 않나?

우리의
삼두정치도
여기까지
인가….

폼페이우스,
카이사르를
실각시킬 기회는
지금 뿐이야.
확실히 카이사르는
민중들의 인기를
한 몸에 받고 있어.
내버려 두었다간
내 입지가 위태로워.

알겠네.
원로원의 이름으로
카이사르에게
혼자 로마에
오라고 명령을
내리지.
히죽…

카이사르의 군영

'혼자 로마로 돌아오라' 라니
군대가 없는 틈을 타 나를 처치할 셈인가?
팔랑

그, 그치만 명령을 거역하면 반역자가 됩니다.
흥, 그렇다 해도 원로원의 뜻대로 움직여 주진 않겠다.

제군들 이여!

그대들은 내 휘하에서 오랜 시간 로마를 위해 최고의 성과를 안겨주었다.

그러나! 이제는 나의 정적들로부터 나의 명성과 위신을 지켜다오!

와아—!!
집정관님! 이미 각오하고 있었습니다!
집정관님은 저희가 지키겠습니다!

기원전 49년
카이사르는
군대를 이끌고
북방 경계선인
루비콘 강※을 건너
이탈리아 반도로
진격했다.

※ 카이사르가 루비콘 강을 건너며 말한 '주사위는 던져졌다'라는 유명한 대사는 후대의 사학자 '수에토니우스'의 저서 『황제 열전(De vita Caesarum)』에 기술돼 있음

그렇게
카이사르군은
곧장 로마로
향했다.
관례상
루비콘 강을
건널 때는
무장을 해제해야
하는 거 아니야?
이건 위법행위
잖아.
카이사르
님을 위한
일이야!

큰일이야!
카이사르가
군대를 이끌고
돌아왔어!
뭐라고?
우, 우리
계획이
들킨 건가?
어, 어서
도망
치세!

폼페이우스
일당은 벌써
도망친 것
같습니다.
흥, 좋다.
끝까지
쫓아라!

카이사르군
폼페이우스군
그리스의 파르살루스 지방에서 뒤쫓아 온 카이사르군과 정면으로 부딪쳤다.

로마에서 도망친 폼페이우스는 군대를 결성해

정예 보병! 창을 던지지 말고! 기병의 얼굴을 노려라!
카이사르

병력은 우리가 더 많다. 질 것 같냐!
폼페이우스

기병의 기세가 꺾였다! 이 기회를 놓치지 마라!

사악
히익!

두두 두두
카이사르는 약점을 노리는 훌륭한 전술을 구사해 승기를 잡았다.

그곳
에서
암살
당했다.

크윽!

털썩

결국 전투는
카이사르의
승리로 끝났다.
폼페이우스는
이집트로
도망쳤으나

이후
로마로 귀환한
카이사르는
독재관으로
취임했다.

아프리카와
이베리아 반도에
남아있던 적군도
토벌했다.

이제 로마를
통치하는 데
집중할 수
있겠어.

개혁을
시행하자.
매번 조정해야
했던 태음력을
태양력으로
바꾸는 거야.
【태음력】
달이 차올랐다 지는 기간을
기준으로 한 달을 세는 달력.
계절이 바뀌는 주기와 달의 위치를
맞추기 어려워 조정이 필요함
【태양력】
계절에 맞춰 조정하기 쉬움
(1년=365일)
이때 채택된
태양력을 가리켜
카이사르의
이름을 따
'율리우스력'
이라고 부른다.

기원전 44년
카이사르는 로마
역사상 그 누구도
올라본 적 없던
종신 독재관으로
취임해 절대적인
권력을 누렸다.
그리고 원로원의
의석 수를 늘려
우수한 인재를
모아야겠어.
그러나

카이사르가
파르티아로
원정을 떠나기
전에 죽이는
수밖에….
브루투스
공화정 지지자

분명
카이사르는
왕이 될
작정이오!
그렇게
되면
공화정은
끝이야!
원로원

기원전
44년
3월 15일
이놈들!
뭐 하는
짓거리
…

파앗
로마
…!
로마를
위해서다!

…!

하지만
그의 죽음으로
원로원의 권세가
부활한 것은
아니었으니…
그렇게
카이사르의
지배는 짧게
막을 내렸다.

옥타비아누스는
카이사르의 양자로,
그는 카이사르의
부하였던 '안토니우스',
'레피두스'와 손을 잡고
로마에
일평생을
바치신
분이셨어.
카이사르 님…
양아들인
나를 후계자로
지명하셨군.
옥타비아누스

우리
세 사람이
로마를
이끄는
겁니다!
카이사르
님의
뜻을 함께
이어갑시다.
제2차
삼두
정치를
시작했다.
그럽
시다.
레피두스
안토니우스

'브루투스'는
전투에서
패배한 뒤
자살했고….
안토니우스와
대립하던
'키케로'※1도
암살했네.

세 사람은
힘을 모아
카이사르
암살 세력을
무너뜨렸다.
덥썩

※1 당시 유명했던 정치가이자 변론가

하지만 아직
완수하지 못한
일들이
남아 있네.
후계자로
선택받은 이상
반드시 달성해
보이겠어.

카이사르
님의 원수는
모두 갚은
거로군.
아그리파
옥타비아누스의 친구이자 군인

몇 년 뒤
레피두스는
옥타비아누스와
대립해 실각했고
남은 두 사람도
결국 서로 등을
돌리게 되었다.

※2 정식 명칭은 '클레오파트라 7세'. 안토니우스 이전 카이사르와 '카이사리온'이라는 아들을 낳음

들으셨습니까? 안토니우스와 이집트의 파라오인 '클레오파트라'※2 사이에 자식이 있다고 합니다.
들은 적 있네.

안토니우스가 클레오파트라의 자녀들에게 로마 동방령을 나눠주려 한다고 합니다.
!

당시 프톨레마이오스조 이집트의 파라오 클레오파트라는
로마
카르타고
지중해
예루살렘
알렉산드리아
프톨레마이오스조 이집트
클레오파트라
안토니우스와 깊은 관계를 맺고 있었다.

이건 절호의 기회다!
안토니우스를 공격할 명분이 생겼어.

옥타비아누스는 그리스 서쪽 해안 악티움 곶 앞바다에서 안토니우스–클레오파트라 연합군과 격돌했다. (악티움 해전)

적들이 도망친다!
우리가 이겼어!
이 해전은 옥타비아누스 측의 승리로 끝났다.

이집트 알렉산드리아

안토니우스 님은?

스스로 목숨을 끊으셨습니다

세상의 구경거리가 될 수는 없지. 나 또한 안토니우스의 뒤를 따르겠다.

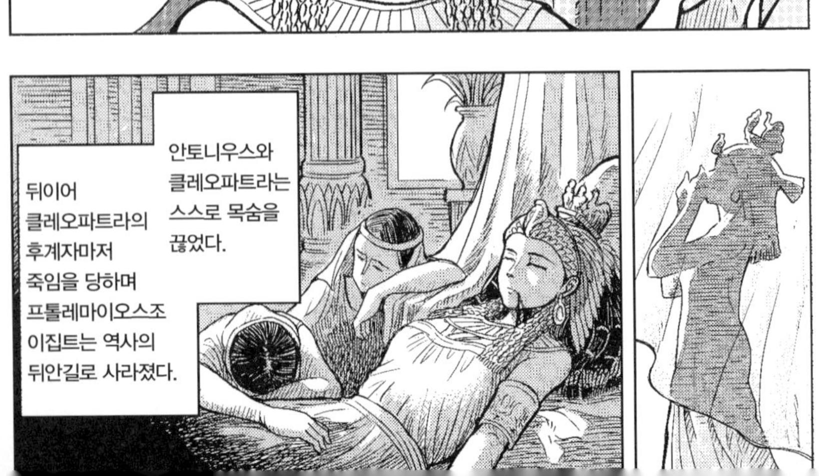
안토니우스와 클레오파트라는 스스로 목숨을 끊었다.
뒤이어 클레오파트라의 후계자마저 죽임을 당하며 프톨레마이오스조 이집트는 역사의 뒤안길로 사라졌다.

옥타비아누스의
승리로 로마에서
이어지던
'내란의 1세기'는
그 막을 내렸다.
이는 동시에
공화정의 끝과
제정의 시작을
알리는 사건
이기도 했다.

이제부터
새로운 로마가
시작된다.

기원전 27년
내란을 종식시키고
로마의 실질적인
지배자가 된
옥타비아누스는
원로원으로부터
'존엄한 자'라는
뜻을 가진
'아우구스투스'
칭호를 받았다.

옥타비아누스…
아니,
아우구스투스여.
그대는 로마의
질서를 되찾는 데
큰 공헌을 했다.
원로원

어차피
카이사르처럼
우릴 억누를
생각이겠지.
그렇게
둘 수는
없어.

원로원의
의원
여러분!

저는
양아버지이신
카이사르 님처럼
독재관의 자리에
오르지 않을
겁니다!
웅성

저는
원로원을
존중
합니다!
해서 저는
원로원의
수장인
'프린켑스
(제1 시민)'에
오르고자
합니다!

프린켑스라…
원로원을
대표하겠다?
잘할 수
있을 것
같은데?

이때부터
황제가 지배하는
'로마 제정 시대'
가 열렸다.
아우구스투스
초대 로마 제국 황제
양아버지께선
원로원과
대립해
실패하셨다
….
그렇다면 나는
원로원을
이용하겠어.

민회와 원로원이
그대로 있으니
공화정처럼
보이지만…
모든 시민의
제일인자
휘익
독재관
아우구스투스는 자신을
프린켑스(제1 시민)라
칭했기 때문에 이 체제를
'프린키파투스(원수정)'
라고 한다.
원로원
민회
로마 시민

아우구스투스
사후
그의 가문은
대를 이어
황제를
배출했다.
사실상
공화제는
끝난 거지.
이제 로마에서
가장 높은
사람은 황제야.
프린켑스님께
대적할 세력이
없어.

칫, 이렇게 된 이상 로마를 버리고 도망치자!
네로
로마제국 황제

시간이 흘러 제5대 황제인 '네로' 시대 속주들이 무거운 세금에 반발해 반란을 일으켰다.
폐, 폐하. 이베리아 반도와 갈리아에서 반란이 일어났습니다! 이대로는….

원로원을 적으로 돌린 네로는
궁지에 몰리자 스스로 목숨을 끊었다.
아아, 위대한 예술가인 내가 이렇게 사라지는구나!

이후 원로원의 유력 의원 중에 황제가 선출되었지만 짧은 기간 동안 즉위와 실각이 반복되었다.
그렇게 로마 제국에서는 혈통에 구애받지 않고 황제의 자리에 오를 수 있게 되었다.
네로의 죽음으로 아우구스투스의 가계가 끊겼다.

※1 이탈리아 중부 나폴리 동쪽에 있는 화산

곧 갈리아인이 반란을 일으키고, 베수비오 화산※1이 폭발했으나,
로마 제국은 크게 동요하지 않았다.

더불어 로마 제국의 정치와 사회는 1세기 말, '5현제' 시대에 전성기를 맞이한다.

네르바
재위 96년~98년

트라야누스
재위 98년~117년

하드리아누스
재위 117년~138년

안토니누스 피우스
재위 138년~161년

마르쿠스 아우렐리우스
재위 161년~180년

이 시대를 가리켜 '로마의 평화(팍스 로마나)'라고 부른다.

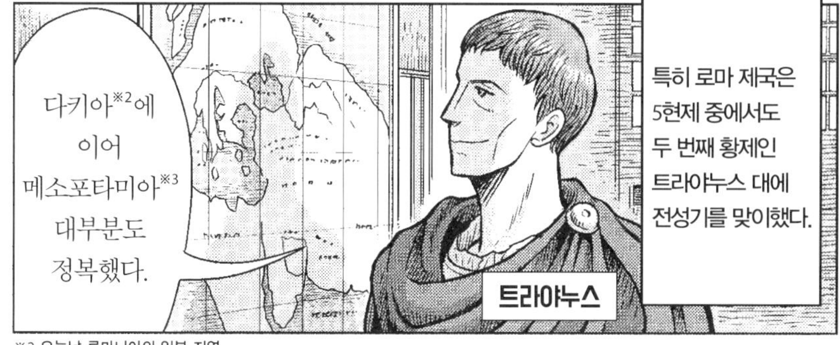
특히 로마 제국은 5현제 중에서도 두 번째 황제인 트라야누스 대에 전성기를 맞이했다.
다키아※2에 이어 메소포타미아※3 대부분도 정복했다.
트라야누스

※2 오늘날 루마니아의 일부 지역
※3 메소포타미아는 다음 황제인 하드리아누스 대에 포기함

폐하,
로마 역사상
가장 넓은
영토입니다!

로마 제국 최대 영토

론디니움
갈리아
히스파니아
(이베리아 반도)
로마
흑해
카르타고
지중해
알렉산드리아
예루살렘

로마에서는 정복 전쟁에서 붙잡은 대부분의 포로를 노예로 삼았다.

이들은 인간이 아닌 물건으로 취급받으며 농업이나 가사 등의 노동을 떠맡았지만

주인이 노예에서 해방해 주면 자유민이 될 수 있었다.

그럼 이제부터 2세기경 로마 서민층의 삶을 들여다보자.
'오르티아' 서둘러!

얼른 준비하는 거나 도와줘.
죄송해요.
오르티아
루킬라 가문의 노예

오늘 아버지 몰래 연극을 보러 갈 거라고 했잖아!
루킬라
어느 원로원 의원의 딸

【포로 로마노】
로마인들의 경제·생활 중심지인 광장을 말함. 신전과 공공기관이 늘어서 있음
이곳에서는 집회와 재판이 열리지.

왁자 지껄

어라? 오르티아?
어디 갔어?! 오르티아!
핫!!

아마 이런 건축물을 지을 수 있는 건 이 세상에 로마인밖에 없을 거야!

오르티아!
두리번
두리번

어쩌지…
여긴 어디야….

우왕좌왕…
저 사람… 길을 잃었나?
흠, 옷은 비싸 보이는데.

저기… 혹시 길을 잃으셨나요?

마, 맞아. 함께 온 하녀와 길이 엇갈린 것 같아.
집이 어느 쪽이세요? 모셔다 드릴게요.
안절부절…

그게… 내가… 방향치라서… 전혀 모르겠어.

어쩌죠… 이제 곧 날이 저물 텐데….

저는 '아울루스'라고 합니다.
괜찮으시면 일단 저희 집으로 가시겠어요? 이 근방은 밤이 되면 위험해서요.
!

이 무렵 수도 로마의 인구수는 약 1백만 명에 달했는데, 평민 대부분은 3~4층 높이의 '인술라'※에서 생활했다.

※ 중하층 시민들이 거주하던 로마 제국의 공동주택

저희 집은 이곳 4층이에요. 부모님과 함께 살고 있죠.
와… 이렇게 높은 곳에 산다고?

아버지와 어머니세요.
어서 와요.

평민의 집은 원래 좁은가? 우리 집의 10분의 1도 안 되는 것 같은데…?

우리 귀족들처럼 누워서 먹지 않는구나….
말린 고기
콩 수프
스펠트 밀 폴렌타(죽)

괜찮
아요.
미안…
그런 줄도
모르고….

형과
여동생
둘이 있었
는데…
모두 어릴 때
병에 걸려
죽었어요.
우물…

저기 혹시
형제자매는
없어?

그런데
아가씨,
결혼은
하셨나요?
아직…
내년에
아버지
친구분과
결혼하게
되었어요….

당시에는
아동 사망률이
매우 높아서
신생아의 30%가
1살이 되기 전에
죽었고,
약 50%가
5살이 되기
전에 죽었다.

난 만나본 적도
없는 사람인걸.
심지어 36살이래!
난 17살이란
말이야.
왜 여자라는
이유만으로
10대에 결혼해서
아이를 낳아야
하는 거야.
불공평해!

결혼하기
싫으
세요?
나…

참고로
평민이라 해도
남성이라면
대개 20대
후반에 결혼했다.

남성은 25살이 되면 공직에
후보로 등록할 수 있었지만,
여성은 애초에 정치에
참여할 수조차 없었다.
또 특별한 경우를 제외하면
평생 후견인의 보호를
받으며 살아가야 했다.

로마 시대의
여성은 결혼을
비롯해 수많은
측면에서 남성
보다 불리했다.
달그락…

어떻게
만들어?
얼마에
팔아?
우와!
도자기?
네가 직접
만드는
거야?
전 결혼보다는
훌륭한 도예가가
되고 싶어요.
아버지의
뒤를 이을
거니까요.

그럼
내일 제가
안내해
드릴게요!
가보고
싶어요!
괜찮으시면
오늘 밤은 여기서
주무시고, 내일은
저희 공방을 둘러
보시겠어요?
앗?

다음 날
슉슉
우와, 잘한다!
로마 제국에서는 다양한 형태의 토기와 유리 제품이 생산되었는데,
고급품은 멀리 떨어진 도시나 외국으로 수출되었다.

루킬라 님!
루킬라 님!
타타탓
오르티아!
루킬라 님!
밤새 얼마나 찾았는지 몰라요, 흑흑.
후유…
걱정 끼쳐서 미안.

아울루스, 나는 이만 가 볼게.

친절하게 대해줘서 고마워. 나 잊지 않을게.

별 말씀을.

다음에 또 놀러 와도 돼?

그럼요!

응!
꼭 올게!
안녕!
저, 루킬라 님!
다음에도
꼭 놀러
와주세요!

로마인
중에서도
취약계층은
삶 그 자체에
제약이 많았으며
병이나 굶주림에
번번이 시달렸다.

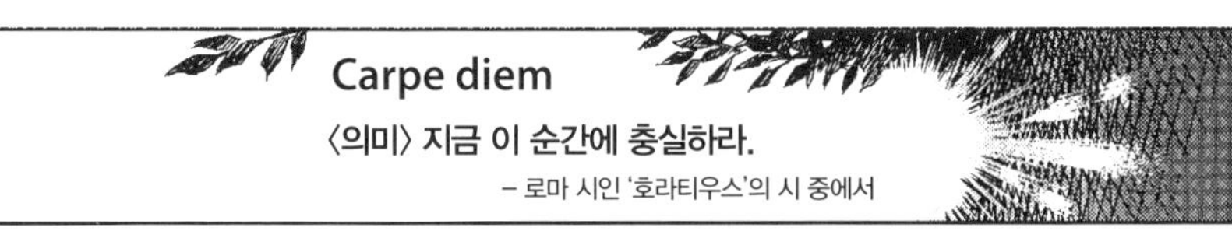
Carpe diem
〈의미〉 지금 이 순간에 충실하라.
– 로마 시인 '호라티우스'의 시 중에서

하지만
이러한 삶
속에서도
사람들은
하루하루
충실히
살아갔다.
[잠깐!] '아울루스', '루킬라' 등의 등장인물은 역사에 실존하는 인물이 아닙니다.

제 4 장 그리스도교와 쇠퇴하는 로마 제국
로마는 작은 도시국가에서 제국으로 성장했지만
4세기 말에 이르러 끝내 분열하고 말았다.
그러나 로마 제국은 '그리스도교'라는 거대한 유산을 남겼다.
로마 교황

때는 기원전 1세기
로마의 초대 황제인
아우구스투스가
새로운 정치체제를
마련하던 시기였다.
아우구스투스
REX IVDAEORVM
오늘날까지
세계의 역사에
지대한 영향을
미치고 있는
그리스도교도
선교사
처음에는
미약하기
이를 데 없는
신흥 종교에
불과했다.

흑해
로마
팔레스타인
나사렛
예루살렘
베들레헴
지중해

지중해 동쪽 해안
로마 제국의 속주
팔레스타인에서

응애 응애…

나사렛 출신의 유대인 부부[※1] 사이에서 한 아기가 태어났다.

베들레헴

※1 이때 이들은 여행 중이었음

어머니의 이름은 '마리아'
'예수'… 이 아이의 이름은 예수입니다.

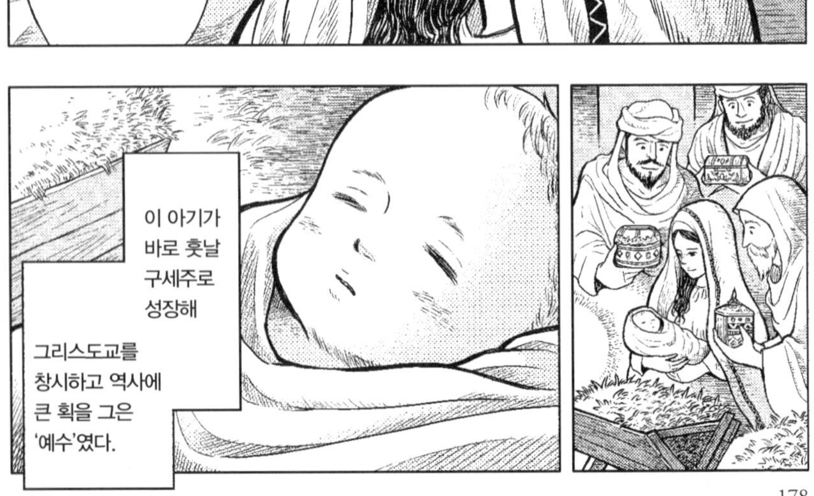
이 아기가 바로 훗날 구세주로 성장해
그리스도교를 창시하고 역사에 큰 획을 그은 '예수'였다.

당시 팔레스타인은
유대인 중
로마 제국에
협력하는 이들이
지배하고 있었다.

유대인은
유대교를
믿었는데,
유일신 야훼를
섬기는 자신들만
구원받을 수
있다는
'선민 사상'과
모세 5경
(토라)
유대인은
구원
받는다!
야훼가 내린
율법을 반드시
지켜야 한다는
'율법주의'에
빠져 있었다.

특히 바리사이파는
율법을 엄격히
준수하는 한편
다른 신자들에게도
이를 강요했는데…
바리사이파가
요구하는
율법은 너무도
엄격하구나….

팔레스타인에 살던 유대인들은 빈곤과 로마에 대한 반발로 종말의 날이 오면 유대인을 구원해 줄
구세주의 강림을 기다렸다.

쓰담
하지만 아가야, '메시아'※께서 오셔서 분명 우리를 구원해 주실 거란다….

※ 히브리어로 '머리에 기름이 부어진 자'를 말하며, 그리스어인 그리스도와 같은 뜻. 신의 축복을 받은 구세주, 왕을 가리킴

그러한 가운데 민중에게 새로운 가르침을 전했던 인물이 바로 예수였다.

하느님께선 너희를 사랑하시니.

예수

이때 예수는 훗날 '열두 사도'라고 불리는 제자들과 함께 활동했다.
베드로
안드레
야곱
요한

이보게, 무슨 일인가?

오호…
구세주를 존경하는 사람들이 각지에서 모여든 게지.
병을 낫게 하거나, 사람에게 씐 악령을 쫓아 내신다고….
새로운 가르침을 전하는 분이 오셨대.

저 사람이 구세주인가.

예수 또한 유대인이었지만 엄격한 가르침을 강요하는 유대교의 제사장과 바리사이파를 비판하며 새로운 가르침을 전도했다.

졸졸졸…

예루살렘 변두리

너희는 원수를
사랑하라.
너희를 미워하는
자들에게도
잘해주어라.

슬퍼하는 자에게
복이 있나니
그들은 위로를
받을 것이요.

제자 수가
늘어났고
그의 명성은
머나먼 곳까지
퍼져 나갔다.

예수의
가르침을 믿는
이들이 점점
많아지면서

빵과 생선을
몇 배는 늘리고
병든 사람을
고쳤다나
뭐라나….

게다가
그분은 기적을
일으키신
다면서?

하느님의 사랑은
절대적이라서
제사장의 가르침을
따르지 않는 죄인
이나 거지라 해도
구원받을 수 있대.
정말?

예수의 가르침은 구원을 바라는 이들의 마음을 사로잡으며 빠르게 번져 나갔다.

역시 저분은 구세주야!

하지만 유대인 지배층은 예수를 반역죄로 고소했다.

저놈은 스스로를 구세주라 참칭하고 있소!

그렇게 사람들은 신분과 빈부를 초월한 하느님의 사랑과 이웃을 사랑하라는 예수의 가르침을 믿고 따르며 그를 구세주라 여겼다.

우연의 일치인지 실제로 수년 뒤 예루살렘 신전은 로마의 공격을 받아 파괴되었다.
흐음, 어쩔 수 없나. 재판을 열어야겠군.
본티오 빌라도
로마 제국 속주 총독
또 건설 중인 신전이 무너질 거라는 불경한 예언도 했소!

골고다 언덕
예루살렘
흑흑…

그러나 진실을 알 리 없는 빌라도는 유대인 지배층에 휘둘려 예수를 재판장에 세웠다.
예수를 십자가형에 처한다!

예수는 30년경 정치범으로 몰려 처형되었다.

예수께서는 처형당하신 지 3일 만에 부활하시어 승천하셨습니다.

스윽

구세주라고 믿었던 분이 돌아가셨으니 이제 무엇을 믿어야 할지….

그러나 예수가
처형되고 나서
이내 부활했다는
믿음이 생겨났다.
끄덕
그럼 역시
그, 그분께선
메시아…!
오오…

이윽고 예수는 히브리어 '메시아'를 그리스어로 번역한 '그리스도'라는 이름으로 불리게 되었다.

예수를 구세주이자 하느님의 아들로 여기며, 이웃을 사랑하라던 그의 가르침을 지키는

그리스도교가 탄생하는 순간이었다.

베드로
바오로
열두 사도 중 '베드로'와 '바오로'가 그 중심에 있었다.

예수가 처형된 뒤 제자들은 예루살렘에 교단의 본거지를 세우고 포교를 시작했는데…
로마 제국 시리아 속주
나사렛
요르단 강
카이사레아
지중해
야파
로마 제국 유대 속주
예루살렘
베들레헴
사해

특히 유대인이었던 바오로의 활동이 두드러졌다.
바오로 님은 예수 님과 만나본 적 있으세요?
없지.

바리사이 파가 뭐예요?
유대교의 종파 중 하나란다.

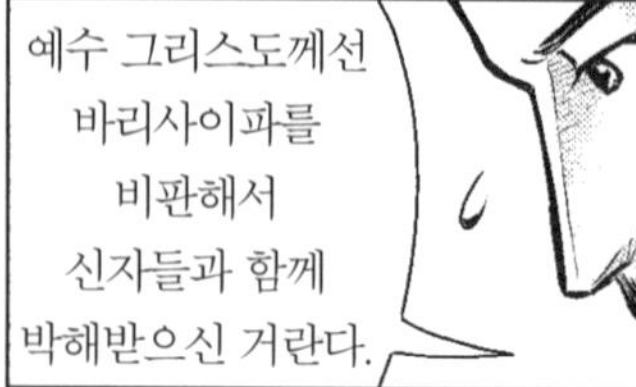
예수 그리스도께선 바리사이파를 비판해서 신자들과 함께 박해받으신 거란다.

나는 본래 지중해 연안의 바리사이파 출신으로 나중이 되어서야 그리스도교로 개종했거든.
아나톨리아 반도
(소아시아)
타르수스
여기 출신이야!
지중해
예루살렘

그랬지.
하지만 예수 님의 가르침이 옳다고 믿게 된 이후로는
이렇게 예수님의 가르침을 전도하고 있단다.
그럼 바오로 님은 예수님의 적이었어요?
이, 이 녀석이!

바오로
자신이 전해 들은 예수의 가르침을 당시 공통어였던 그리스어로 번역해
와――아
바오로 님은 특기인 그리스어를 살리셔서
다양한 사람들에게 가르침을 전하고 계신 거야.

나아가 전도를 위해 아나톨리아 반도 각지와 그리스를 방문했다.

자신의 해석을 달아 각 지역의 교회로 보냈고,

구세주의 가르침을 바르게 알려야 하니 꼭 좀 부탁하겠네.

스윽

사도들의 노력으로 교회가 생겨났다.

그때 예수 님께서 말씀하시길 ….

한편 70년경부터는 예수의 전기인 복음서가 차례로 완성되었으며,

분명 우리 포교 활동에 도움이 될 걸세!

바오로를 비롯한 사도들의 전도를 통해 그리스도교는 제국 각지로 전파돼 유대인이 아닌 사람들 사이에도 자리 잡게 되었다.
저는 유대인이 아니지만 …
하느님의 가르침을 공부한다면 우리는 모두 형제자매 입니다!

물론 그 과정이 순탄하지만은 않았다.

뭐라고? '베드로' 님께서 처형을?

그렇게 유대인의 종교로 여겨졌던 그리스도교는

100년경부터는 지중해 주변 지역으로 확산돼 민족을 넘어서는 세계적인 종교로 발전하게 되었다.

로마

예루살렘

지중해

※1 믿고 있는 종교로 인해 박해를 받아 죽임을 당하는 것
※2 로마 가톨릭교회의 최고위 성직자

로마 제국은 대체로 종교에 관대한 편이었다.

이때 순교※1한 베드로는 훗날 초대 로마 교황※2으로 추대되었다.

예수의 수제자였던 '베드로'는 64년경 로마 황제인 네로에게 처형당하고 말았다.
네로

일신교
예수 그리스도 외에 다른 신은 없소!
어서 신전 예배에 참여하자.
옛 황제 폐하를 신으로 모시는 신전이래요.

뭐야 저놈들…

우상숭배 금지
신을 묘사한 조각상에 기도해야지.
돌덩어리 따위에 기도는 무슨!

화르르르……
특히 64년
네로 대에
로마
대화재※가
발생했는데,

※ 로마에서 발생한 대화재로 인해 여러 날에 걸쳐 도시 대부분이 불탄 사건

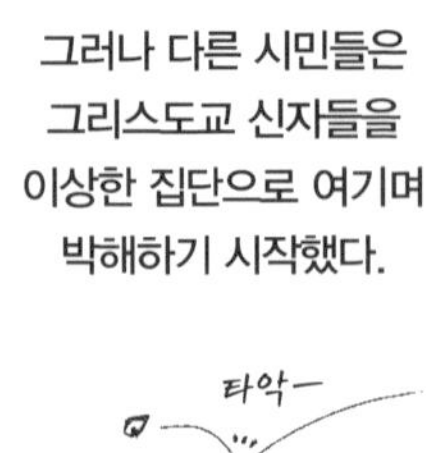
그러나 다른 시민들은
그리스도교 신자들을
이상한 집단으로 여기며
박해하기 시작했다.

타악—

궁전을
지을 땅이
필요해서
그렇다나.
사실
이라면
너무
하잖아!

들었어? 이 화재,
실은 황제 놈이
불을 지른
거라던데…!
아니,
왜?

황제인 네로가
건설할 예정이었던
황금 궁전의 터를
확보하기 위해
불을 질렀다는
소문이 퍼졌다.

내가 로마를
불태울 리가
없잖아!

네로

나보다
그리스도교?
그 신흥 종교의
신자 놈들이
수상하잖아!

그 소문이 사실인지는
알 수 없지만, 네로는
소문을 부정하기 위해
그리스도교 신자들을
범인으로 지목했다.

타박타박타박…

이때부터 사람들은 그리스도교 신자를 더 거세게 박해하기 시작했고 베드로 또한 이로 인해 처형당한 것이었다.
그놈들이 범인이다!

그렇게 제국 내의 그리스도교 신자들은 자신들의 종교를 숨기게 되었다.
그 집 사람들도 그리스도교 신자였다지 뭐예요!
세상에~.
…….

휙
휙

이러한 냉혹한 박해 속에서도 신자들은 신앙을 지키기 위해
각자의 집을 예배당으로 개조해 집회와 예배를 가졌다.

그리스도교
신자들은 이처럼
어려운 상황에도
신앙과 전도를
이어간 것이다.

예배당에
잘 오셨습니다,
자매님.

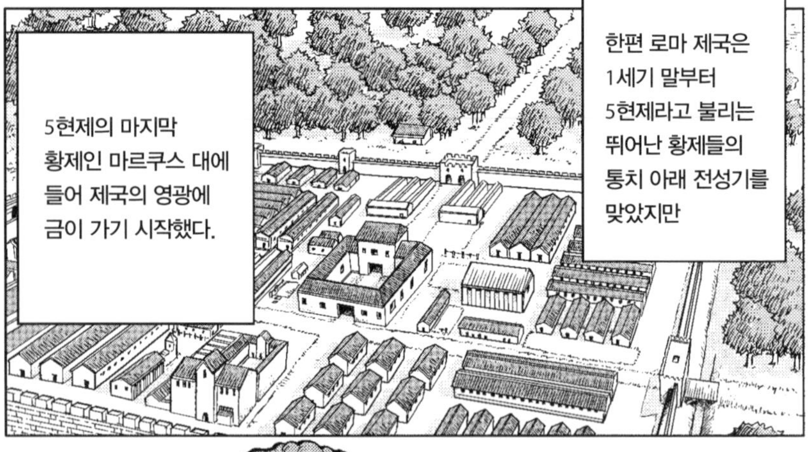
한편 로마 제국은
1세기 말부터
5현제라고 불리는
뛰어난 황제들의
통치 아래 전성기를
맞았지만
5현제의 마지막
황제인 마르쿠스 대에
들어 제국의 영광에
금이 가기 시작했다.

동쪽의 파르티아를 몰아냈더니
국내에는 전염병이 유행하지를 않나.
북쪽에서는 게르만족이
침입하지를 않나….
난감하기
이를 데 없군.
마르쿠스 아우렐리우스
로마 황제

폐하.
할 일이 태산인데….
중얼중얼…

그는 국경을 위협하는 게르만족을 상대하느라
오랜 시간을 전쟁터에서 보냈다.

조금이라도 쉬시지요. 폐하께 무슨 일이라도 생기면….

…저, 폐하!
아? 무슨 일인가?

그때는 다음 황제가 대를 이으면 그만 아닌가.
내가 선황께 양자로 들여져 후계자로 지명받았듯 말일세.

내 아들 '콤모두스'를 후계자로 생각하고 있네.

실례지만, 폐하. 그럼 폐하께선 누구를 후계자로 생각하십니까?

지금까지는
능력과 인격을
토대로 황제를
선출했지만
지금부터는
혈통에 따라
황제를 선출
하고자 하네.

알겠습니다.

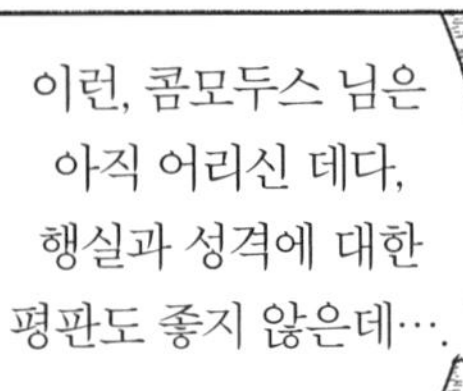
이런, 콤모두스 님은
아직 어리신 데다,
행실과 성격에 대한
평판도 좋지 않은데….

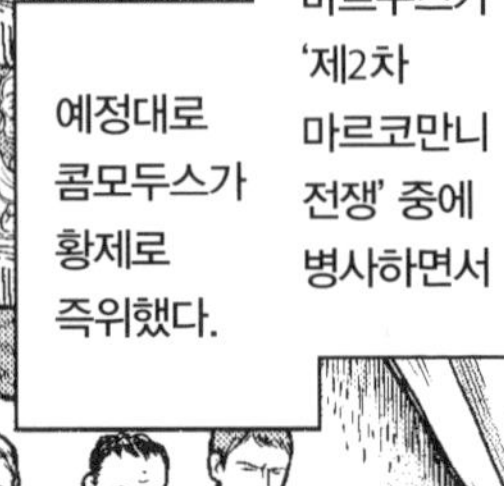
마르쿠스가
'제2차
마르코만니
전쟁' 중에
병사하면서
예정대로
콤모두스가
황제로
즉위했다.

지금이
전쟁이나
할 때냐?
당장
짐 싸라!
로마로
철수한다!
콤모두스

바로 이거지!
죽여라
죽여!!
땅—

쪼르륵…

황제가 되자마자
전쟁을 중단하고
로마로 귀환했음에도
콤모두스의 평판은
나아지지 않았고,

끝내 신하들과
민중의 지지를
얻지 못해
측근에게
암살당했다.
찔러 찔러 찔러!!

저자를
황제라고
할 수
있나?
폐하께선
놀고먹느라
나랏일은
뒷전이시군.

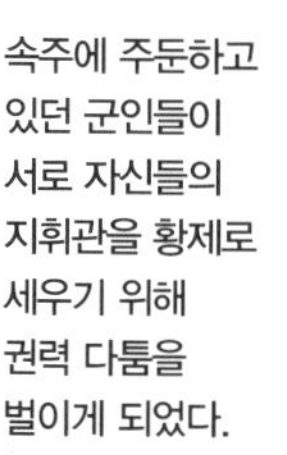
3세기
전반부터
외적과
싸우기 위해
속주에 주둔하고
있던 군인들이
서로 자신들의
지휘관을 황제로
세우기 위해
권력 다툼을
벌이게 되었다.

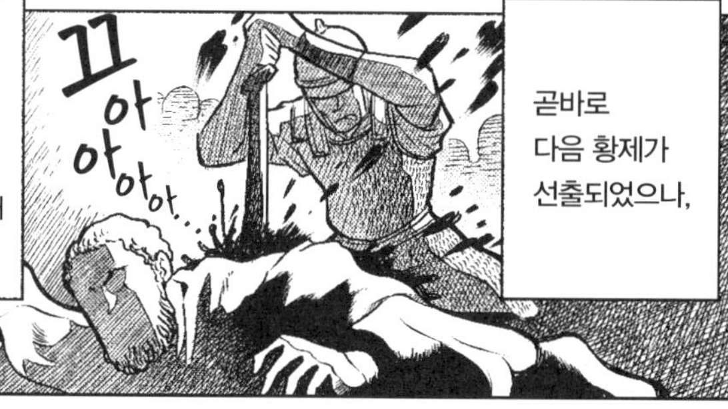
끄아아아아…
곧바로
다음 황제가
선출되었으나,

235년부터 284년까지 무려 26명의 황제가 갈아치워졌다.
이 시기를 '군인 황제 시대'라고 부르는데,
우리 장군!!
우리다!!

선 넘네! 우리 장군님이야!
다음 황제는 우리 장군님이야!

군인들끼리 치고받으니 제국이 막장이 따로 없어.
와아-

울끈
불끈
와아—
우리 장군님 멋지다!!
이렇게 세워진 군인 출신 황제 중에는 괴력을 자랑하는 이도 있었다고 한다.
막시미누스 235년 즉위

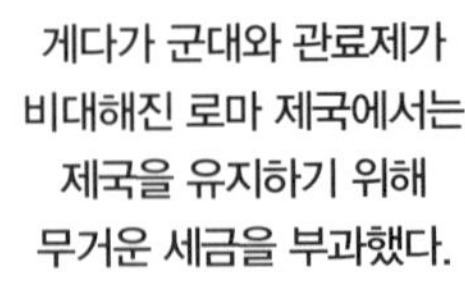
게다가 군대와 관료제가 비대해진 로마 제국에서는 제국을 유지하기 위해 무거운 세금을 부과했다.

묵
직
세금

털썩
동쪽에서는 페르시아가 북쪽에서는 게르만족이 쳐들어와서

안 좋은 소식뿐이네.
어휴…
화폐 가치는 떨어지고 물가는 오르는데…

토지에 얽매여 아무 데도 갈 수 없다고?!
그럼 우린 죽을 때까지 여기서 일해야 하는 거야?!

로마 제국은 세금을 피하지 못하도록 여러 법령을 발표했고
'소작농 (콜로누스)'의 이동마저 법으로 금지했다.

'콜로나투스'※ 라는 이름의 이 법률은 훗날 농노제로 이어졌다.
이처럼 극심한 혼란을 겪던 3세기 말,
※ 농민이 지주에게 예속돼 지주의 땅을 경작하고 수확물을 바치게 한 법률

저 황제도 군인 출신이라던데 괜찮을까?
다른 경쟁자는 물론 외적까지 쓸어버릴 정도로 전쟁의 귀재라던데.

로마의 질서를 안정시키는 한 인물이 등장했다.
디오클레티아누스
로마 황제

로마 제국의 영토

지중해

군인들의 추천으로 황제의 자리에 올라 제국의 모든 땅이 내 손 안에 들어왔지만

오히려 너무 넓어 나 혼자 다스리기 버겁구나.

흠….
폐하와 가까운 사이이니,
좋은 대안을 주실 겁니다.

폐하, 고민이라면 '막시미아누스' 님께 상담받아 보는 건 어떠십니까?
그 녀석에게?

디오클레티아누스는 자신 말고도 다른 황제를 임명해 제국을 공동으로※ 통치하게 했다.
툭—
네?!
그럴 바에야 차라리 녀석에게 로마의 절반을 넘기는 건 어떠한가.

※ 황제는 '정제', 부황제는 '부제'라고 일컬음

예, 폐하.
막시미아누스
로마 황제(서방의 정제)

친구여, 서쪽의 반을 부탁하네.
아니, 황제여.

293년에는 추가로 두 명의 부제를 임명해
두명의 정제와 두명의 부제가
제국을 분담해 통치하는 '사두정치 체제(테트라키아)'가 완성되었다.
디오클레티아누스
로마 황제(동방의 정제)

이후 네 황제들이 서로 협력하면서 로마 제국은 외적과 반란에 대비하기 쉬워졌다.
게르만족 여러 부족
움직일 수 없어…
크으으…
서방 부제
서방 정제
동방 부제
동방 정제
로마
로마 제국
지중해
공격하기 어려워!!
페르시아
‖ 사두정치(테트라키아) 초기 영역 ‖

한편으로 디오클레티아누스는 로마인들의 신들에 대한 믿음을 통치에 이용하기 위해
스스로를 주신(主神)인 유피테르※와 동일시했다.
나는 '유피테르'의 현신이다.
황제를 신으로 받들도록 하라.

※ 제우스의 다른 이름

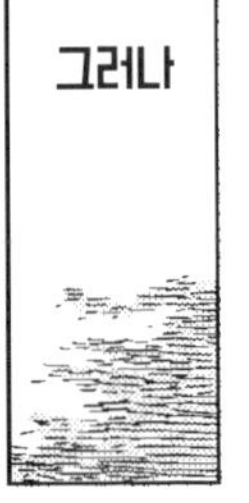
그러나

감히 짐을 신으로 인정하지 않고
국가 제의에 참여하지 않는 놈들이 있다고?
예, 폐하. 그리스도교를 믿는 자들입니다.

그리스도교 신자들인가….
그들은 유일신을 숭상해서 다른 신은 인정하지 않습니다.

허, 로마의 신들과 황제를 공경하지 않는
그리스도교 놈들은 국가의 적이다.

로마 제국 내에서
황제의 신격화가
이루어지면서
그나마 유지되던
공화정 체제는

황제가 권력을
독점하는
체제로 완전히
뒤바뀌게
되었다.

타탁… 타탁…

그나마 있던
우리 의원들의
권한은 몽땅
축소되었어.

원로원

이후 그리스도교
신자들은 반사회
집단으로 간주돼
더욱 심한 박해를
받았다.

화르르르르……

앞으로
원로원과
시민들 위에
군림하겠다.
나는 제일인자가 아니라 신이다!
콰직
나는 시민의
제일인자
프린키파투스
이는 '원수정'
(프린키파투스)
과는 또 다른
개념이다.
디오클레티아
누스로부터 시작된
후기 로마 제국의
정치체제를
'전제군주제
(도미나투스)'라고
부른다.

305년에
퇴위한
디오클레티아
누스는

할 일은
다 했으니
은퇴하고
양배추라도
키워 볼까.

로마 제국 역사상
살아 있는 동안
최고의 지위에서
내려온 유일한
황제였다.

사두정치와
전제군주제를
만들어낸 그가
퇴임한 뒤로,
서방 부제
서방 정제
동방 정제
동방 부제
로마에서는
네 개의 제위를
둘러싸고
황제 후보들이
대립하기
시작했다.

서방 정제였던
'콘스탄티우스
클로루스'의 아들인
'콘스탄티누스' 또한
제위를 노리고 있었다.
내가 황제인
아버님의
뒤를 잇는 걸
원치 않는
자들도 있다.
흠,
좋은 방법이
없을까?
콘스탄티누스

황제가
되면
신처럼
떠받들어 주니,
다들 탐을
내는 거지.

혼란을 막자고
사두정치를
하는 건데,
그것 때문에
싸움이
벌어지면
아무 의미가
없잖아.

신이라….
황제가
여럿이라
생기는
혼란이라면
유일신을
믿으면 되지
않을까.

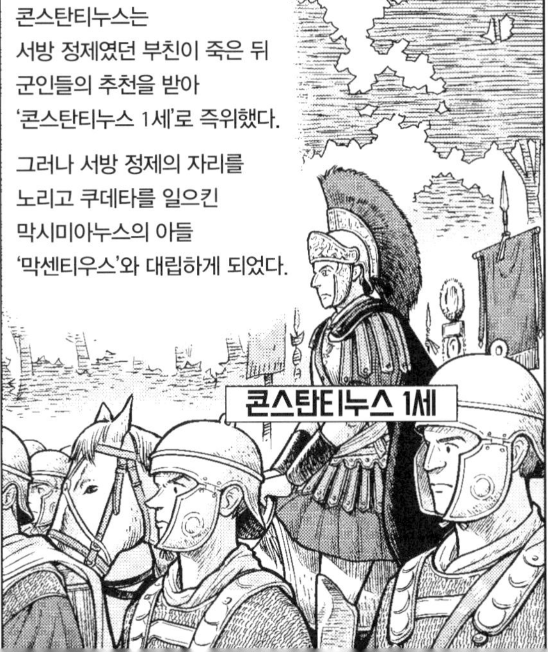
콘스탄티누스는
서방 정제였던 부친이 죽은 뒤
군인들의 추천을 받아
'콘스탄티누스 1세'로 즉위했다.
그러나 서방 정제의 자리를
노리고 쿠데타를 일으킨
막시미아누스의 아들
'막센티우스'와 대립하게 되었다.
콘스탄티누스 1세

북이탈리아를
손에 넣었다!
이제
로마로
진격해
적군을
무찌르자!

이때
콘스탄티누스
1세와
병사들은
행군 중에
기묘한 광경을
목격했다고
전해진다.
저건
뭐지?!

하늘에
십자가가
빛나고
있다…!
그 옆에
'너는 이 표시로
승리하리라'라고
쓰여 있잖아!※

※ In hoc signo vinces

이 표시는
신의 계시가
틀림없어!
이 싸움은
나의 승리다!

이후
콘스탄티누스
1세는
로마 근교의
밀비우스
다리 전투에서
승리했다.

막센티우스는 도주하던 중 다리가 붕괴해 강에 빠져 죽었다고 합니다!

완벽한
승리입니다.

그리스도교라…
분명 신자 수도
무시할 수 없을
만큼 늘어났지.

이 전투는
그리스도의
증표인
십자가가
하늘에 나타나
승리할 수
있었다.

313년 그는
그리스도교를
공인하는
「밀라노 칙령」
을 공포해

그리스도교를
공인한다!
즉시 박해를
중단하라!

속주의
총독들에게도
전하라!

그리스도교를
국가 차원에서
보호했다.

역시
공식으로
인정하는
쪽이
좋겠어.

카타콤베
로마 지하 묘지
이제 더 이상 박해당할까 두려워하지 않아도 돼!
아아, 당당하게 하느님께 기도드릴 수 있어.

콘스탄티누스 1세는 서방 정제로 즉위해
동방 정제인 '리키니우스'와 공동으로 로마를 통치하게 되었다.
서방
동방
앞으로 함께 제국을 다스립시다.

그러지요.
리키니우스

「밀라노 칙령」 공포에 동의하기는 했지만
어째서 그리스도교 신자들을 옹호하려는 거지?

아무래도 내 방식을 이해하지 못하는 것 같군.
역시… 황제는 한 명이어야 해.

신이든 황제든
유일하고
절대적
이어야 해.
하지만
폐하,
앞으로는
제국을 홀로
다스리셔야
할 텐데요.
흠….

그리스도교에 대한
처우 등을 계기로
점차 대립이 격화된
두 황제는 결국
내전을 일으켰다.

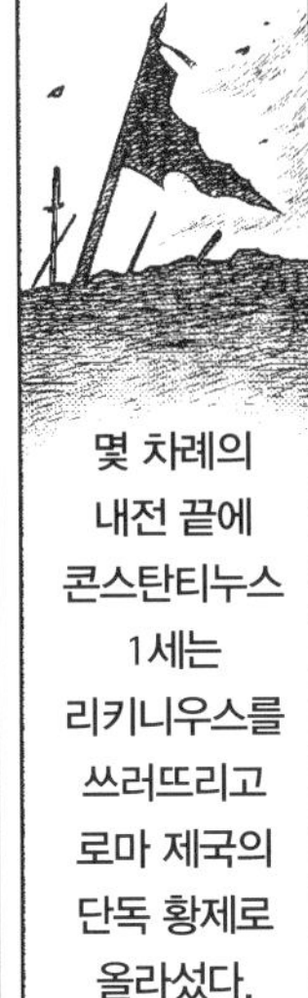
몇 차례의
내전 끝에
콘스탄티누스
1세는
리키니우스를
쓰러뜨리고
로마 제국의
단독 황제로
올라섰다.

그래서
제국 동쪽에
새로운 도시를
건설하고자
한다.

비잔티움
로마
지중해
스—윽

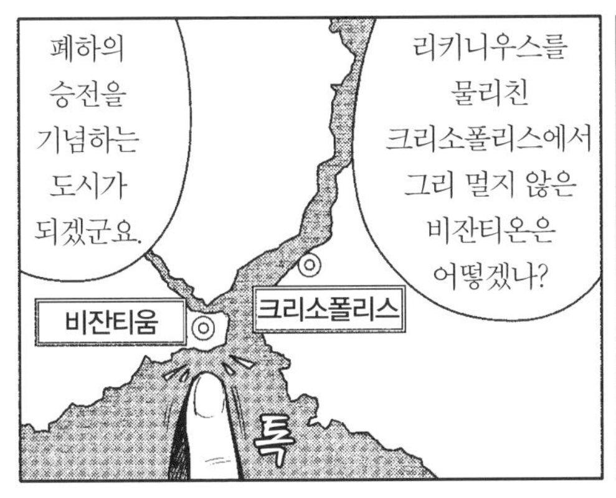
리키니우스를
물리친
크리소폴리스에서
그리 멀지 않은
비잔티온은
어떻겠나?
폐하의
승전을
기념하는
도시가
되겠군요.
비잔티움
크리소폴리스
톡

이 도시에도
원로원을
마련해
제2의 로마로
만들어야겠다.

330년
콘스탄티누스 1세는
비잔티온의 이름을
'콘스탄티노폴리스'※1로
바꾸고 제국의
동방을 대표하는
도시를 세웠다.
※1 콘스탄티누스의 도시라는 의미

그는 도시를
확장한 뒤
경기장과
광장을 짓고
대성벽※2을
건설했다.
콘스탄티누스의 성벽
금각 만
콘스탄티노폴리스
마르마라해

※2 대성벽은 콘스탄티누스 1세의 아들 대에 완성됨

콘스탄티노
폴리스는
새롭게 떠오른
로마 제국의
중심지이자
종교 도시로
발전했다.
이후 6세기경에 들어
성 사도 교회,
아야 소피아 대성당,
성 이레네 성당 등의
그리스도교 교회가
세워지면서
아야 소피아 대성당

318년경
알렉산드리아
이러한
움직임을 통해
그리스도교는
로마 제국의
중심 종교가
되어갔지만
교의[※3]를
둘러싸고
여러 의견
차이가
발생했다.
※3 어떤 종파에서 공인하는 가르침을 의미함

아니오!
다르오!

예수
그리스도는
성부께서
창조하신
자요!

아리우스
사제

성부가
곧 성자
이십니다.

성부께서
예수
그리스도의
모습으로
우리 앞에
나타나셨던
겁니다!

아타나시우스
보조자. 훗날 주교가 됨

의견 차이는
많은 성직자를
끌어들이는
논쟁으로
번졌고
끝내 사제
아리우스는
파문당하고
말았다.

동방에서는 여전히 아리우스파의 교의를 믿고 있습니다.
누가 옳은지 의심하는 자도 있사옵니다.
폐하, 이를 어찌하면 좋겠습니까?
흠….

그리스도교는 유일신을 따르니 교의도 통일하는 쪽이 좋겠지.

그럼 모두가 논의해 정하면 되겠군.
예?

하지만 폐하, 그게 말처럼 쉽지 않습니다.

325년 콘스탄티누스 1세는 교회의 지도자들을 모아 니케아에서 회의를 열었다.

이 회의를 '제1차 니케아 공의회'※ 라고 한다.

※ 가톨릭교회에서 성직자나 신학자를 소집해 진행하는 종교회의

그 결과
제 1 차 공의회
사회자
흠, 의제는 '성부와 성자가 동일한가'로 정하지.
동일하지 않다!
동일하다!
아리우스파
아타나시우스파

성부와 성자는 동일하다는 결론이 나왔다.
다른 곳에서 포교해야 하나…
아리우스파는 이단으로 규정한다!
와아!
아타나시우스파가 정통 교의다!

이 시기에 정통으로 채택된 아타나시우스의 교의는 '삼위일체'로 확립되었고

그리스도교를 '가톨릭(보편교회)'이라고 부르게 되었다.

가톨릭

성부

신

성자

성령

삼위일체

이후로도 그리스도교 교의를 둘러싸고

논쟁이 일어날 때마다 공의회가 열리게 되었다.

이러쿵 저러쿵

제2회공의회

가톨릭에서 의미하는 삼위일체는
성부(하느님), 성자, 성령
이 세 위격(근원)이 서로 동일하다는 겁니다.
아우구스티누스
교부
성부
신
성자
성령
삼 위 일 체

4세기~5세기말에 걸쳐 활약한 아우구스티누스는 가톨릭 교의의 확립에 공헌해 '교회학자'※라는 칭호를 수여받았다.
그는 훗날 종교 개혁에까지 큰 영향을 미쳤다.

※ 가톨릭교회에서 교의상 큰 기여를 한 교회 내의 학자에게 부여하는 칭호

제1차 니케아 공의회를 겪으며 로마 제국과 그리스도교는 밀접한 관계를 쌓아갔지만, 그리스도교를 언짢게 바라보는 황제도 있었다.

유구한 역사를 가진 그리스 · 로마의 신들이야말로 로마인들이 믿어야할 신이야.

율리아누스

저, 폐하.
송구 합니다만.

폐쇄되었던 신전을 다시 개방하고 전통적인 종교 의례를 보호하라!
그러면 백성들도 본래의 믿음을 되찾으리라!

백성들은 폐하의 반그리스도교 정책을 반기지 않습니다.
뭐라?

다만 폐하께서 세금 제도를 개혁하신 덕분에
세금이 낮아진 점은 감사해하고 있습니다.

아니, 감사는 하는데 왜 지지하지 않는 거냐.
하지만 율리아누스는 종교 개혁을 완수하지 못한 채 즉위하고 몇 년 지나지 않아 사망했고,

후세의 그리스도교 신자들에게 '배교자'라는 비난을 받았다.
그리스도교의 기세는 황제조차 막을 수 없는 것인가….

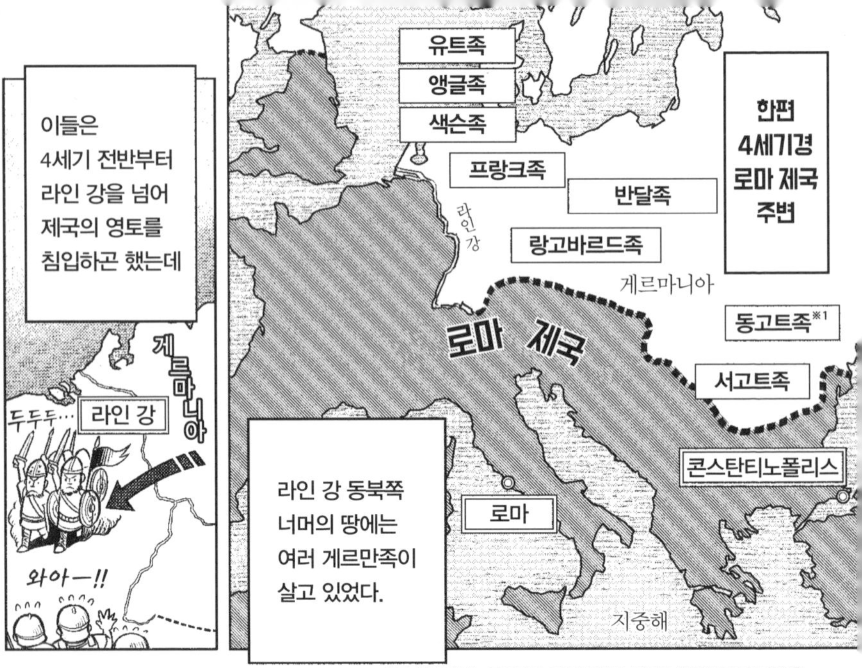

한편
4세기경
로마 제국
주변

유트족
앵글족
색슨족
프랑크족
반달족
라인 강
랑고바르드족
게르마니아
로마 제국
동고트족[※1]
서고트족
콘스탄티노폴리스
로마
지중해

라인 강 동북쪽 너머의 땅에는 여러 게르만족이 살고 있었다.

이들은 4세기 전반부터 라인 강을 넘어 제국의 영토를 침입하곤 했는데

두두두…
라인 강
게르마니아
와아ー!!

※1 최근 학계에서는 고트족이 5세기 이후에 동서로 분열된 것으로 추정함

엇?
적이다! 게르만족 이다!
팟
여기서 뭘 하는 거냐!

나는 로마군이 고용한 용병[※2]일세.
얼마 전에 제국 내로 이주해서 평화롭게 살고 있지.

지금은 아군이니 진정하게.
아군?

※2 정규군이 아닌 돈을 받고 계약을 맺어 대신 싸우는 병사

로마 제국과
게르만족이
다투는
와중에도
게르만족
일부는 로마군의
용병으로 일했고
그 덕에 양측의
힘의 균형이
유지되었다.
뭐,
괜찮아.

너무 하네~
나 같은
게르만족이
많다고.
그런가…
미안하군.

그러나
4세기
후반
덥석
사이좋게
지내자고.

유트족
앵글족
색슨족
부르군트족
프랑크족
수에비족
랑고바르드족※3
반달족
동고트족
서고트족
로마
지중해
곧이어 다른
게르만족들도
이동하기
시작했다.
이를
'게르만족의
대이동'이라
부른다.

※3 랑고바르드족은 5세기 후반에 이동을 시작함

게르만족의 한 갈래인 서고트족이
동쪽에서 쳐들어온 유목민족인
'훈족'의 세력에 밀려 로마 제국의
영토 내로 도망쳐왔다.
서고트족
훈족
두
둥
로마 제국 영토
로마

'발렌스' 황제
폐하께서도
전사하셨어.
그랬다
더군.
타닥
타닥

378년
아드리아노플
전투에서는
제국 내로
도망쳐온
서고트족이
반란을
일으켜
로마군을
격파했고

서방 황제
'그라티아누스'는
다음 동방 황제를
누구로 삼으려나.
물
고맙네.
응? 로마 황제는
꽤 오래 전에
한 명으로
통일되지
않았나?
타닥…

입
조심해!
끼릭
게르만족이
다수 유입되면서
한 명의 황제가
제국을 다스리는
체제는 흔들리기
시작했다.

얼마 전부터
다시 두 명으로
나뉘었어.
한 사람이
다스리기엔
버거우니까.
어쨌든
아직 황제
한 명이
남은 건가.

379년 전대 황제
발렌스의 뒤를 이어
이베리아 반도
출신의 군인
'테오도시우스 1세'가
동방 황제로 즉위했다.
테오도시우스 1세
일단
서고트족과의
전쟁부터
해결해야겠어.

그는 제국의
질서를
회복하기
위해 나섰고
382년
서고트족과
협정을 맺어
전쟁을 끝냈다.

그 후 테오도시우스 1세는
서방 황제 자리를 둘러싼
다툼에 개입하는 한편
종교 개혁을 단행했다.
서고트족이
제국 내에
사는 걸
허용했더니
무시할 수
없을 만큼
그 존재감이
너무 커졌어.
하지만 지금은
로마 내의
문제부터
해결할 때야.

예전부터 생각하고 있었지만…
슬슬 그리스도교를
로마의 국교로 삼아야 하지 않겠나?
하지만 폐하, 아직 로마의 신들을 믿는 사람들도 있사옵니다.

물론 그건 금지해야지.
금지요?!
로마 신들에 대한 모든 제의를 금지하고 신전을 폐쇄하라.
그리스도교 이외의 종교는 일절 인정하지 않는다.※1
찰싹

※1 당대에 공포된 「데살로니카 칙령」 조항 중 일부

한때 로마에서 박해받던 그리스도교는
392년 마침내 로마 제국의 유일한 국교로 인정받았다.

그 이후로
테오도시우스
1세는 동서
로마 제국을
혼자서 통치했다.
그리스도교
신자에게
로마 신들에
대한 믿음을
강요하던
시절도
이젠 다
옛말이
되었군.

군인들이
제멋대로
즉위시킨
서방 황제※2를
쓰러뜨렸기에
지금
서방 황제
자리는
비어있다.

하지만
395년
그는
병으로
쓰러지고
말았다.
아버지
….

※2 반란을 일으킨 '마그누스 막시무스'를 말함

아들들아,
로마 제국은
혼자
다스리기엔
너무나
넓다….

예.
지금은
아버지께서
유일한 로마
황제십니다.

그러니
내가 죽으면 너희 둘이 제국을 나누어 다스리거라.

저희가 공동 통치 하라는 말씀 이신가요?

아니다. 서로에게 신경 쓰지 말고
제국을 아예 두 나라로 나누라는 뜻이다.

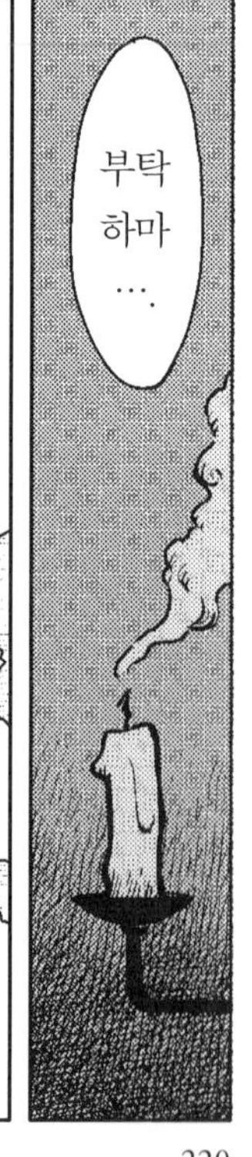
부탁하마
….

395년 테오도시우스 1세가 눈을 감은 뒤 로마 제국은 동서로 완전히 분열되었다.

서로마 제국

로마

콘스탄티노폴리스

동로마 제국 (비잔티움 제국)

지중해

로마군의
핵심 인사였던
용병대장
'오도아케르'의
손에 의해
마지막 황제가
폐위되었다.
이런 건 이제 필요 없어
휙
오도아케르

서로마 제국은
410년에는
서고트족에게
수도 로마를
약탈당하고
알라리크
서고트족의 왕

그렇게 476년
서로마 제국은
역사의 한쪽으로
흩어졌다.

동로마 제국은
동서 문화교류의
중심지로 번성하며
1453년까지
유지되었으며,
후대에는
'비잔티움
제국'이라
불렸다.

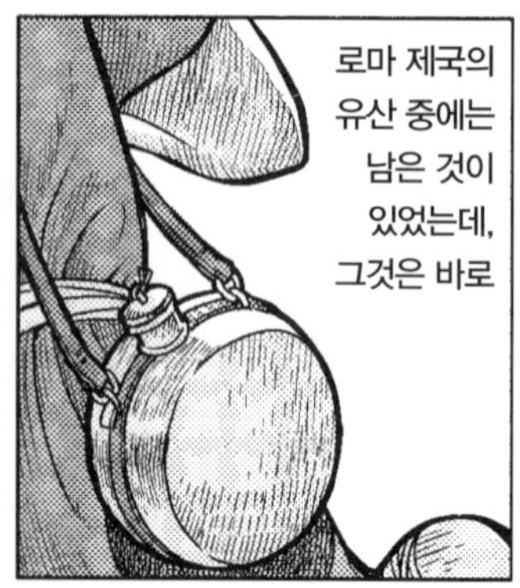
로마 제국의
유산 중에는
남은 것이
있었는데,
그것은 바로

로마 제국의 분열과
서로마 제국의
멸망이라는
격동기에도

초기에는
박해를
받았지만
국교화를 통해
보호받게 된
그리스도교였다.

니케아 공의회에서
이단으로 규정된
아리우스파 또한
게르만족 사이에
확산되었다.

정통파가 된
아타나시우스파가
제국 내에
확산되는 한편

그러나
세계적인 종교가 된
그리스도교를 비롯해
로마 제국의
영향력만큼은

로마 제국은
분열된 끝에
멸망에
이르렀다.

멸망 이후로도
다양한 형태로
계승되어 갔다.

【서적】

- 山川出版社,『新世界史B』(개정판) /『詳説世界史B』(개정판) /『山川 詳説世界史図録』(제2판) /『世界史用語集』(개정판)
- NHK出版,『ローマ史再考 なぜ「首都」コンスタンティノープルが生まれたのか』
- 集英社,『秦の始皇帝と漢の武帝 秦・漢時代』『人物中国の歴史 4』
- 創元社,『ローマ皇帝歴代誌』
- 講談社,『三国志の世界 後漢三国時代』/『ゾロアスター教』/『ファーストエンペラーの遺産 秦漢帝国』
- 筑摩書房,『マハーバーラタ 原典訳1-8』
- 東京大学出版会,『仏教入門』
- 東京堂出版,『古代ローマを知る事典』
- 中央公論社,『世界の歴史3・5』
- 白水社,『キリスト教一千年史 地域とテーマで読む 上』
- 平凡社,『キリスト教史1』/『新訳ラーマーヤナ1-7』/『ラーマーヤナ 1・2』
- 山川出版社,『宗教の世界史 5』/『南アジア史』
- アスペクト,『中国古代甲冑図鑑』
- 大月書店,『輪切りで見える!パノラマ世界史① 世界史のはじまり』
- お札と切手の博物館『お金って何だろう?貨幣の歴史ロマン』
- 科学出版社東京,『中国服飾史図鑑』
- 学習研究社,『図説・中国武器集成 決定版』
- 河出書房新社,『古代ローマ人の24時間 よみがえる帝都ローマの民衆生活』/『図説イエス・キリスト 聖地の風を聞く』
- カンゼン,『図解古代ローマ軍武器・防具・戦術大全 = THE HISTORY OF ANCIENT ROME 美麗イラスト&戦術図版』
- 教育社,『古代ローマ』
- グラフィック社,『西洋コスチューム大全 古代エジプトから20世紀のファッションまで 普及版』
- 講談社,『興亡の世界史』/『中国の歴史 2』
- 小学館,『日本大百科全書』
- 新紀元社,『武器甲冑図鑑』
- 青春出版社,『図説地図とあらすじで読む聖地エルサレム』
- 創元社,『図説 中国文明史』
- 宝島社,『古代ローマ人のくらし図鑑 イラストでわかる』
- 帝国書院,『最新世界史図説タペストリー』
- 東洋書林,『古代ローマ軍団大百科』
- 東京堂出版,『古代ローマを知る事典』
- 東方書店,『伍胡十六国 中国史上の民族大移動』
- 東洋経済新報社,『超図解一番わかりやすいキリスト教入門』
- ニュートンプレス,『古代中国』
- 白水社,『古代ローマの庶民たち 歴史からこぼれ落ちた人々の生活』
- 浜島書店,『ニューステージ世界史詳覧』/『アカデミア世界史』
- 原書房,『図説蛮族の歴史 世界史を変えた侵略者たち』
- 平凡社,『世界大百科事典』
- 明治書院,『新釈漢文大系』
- 山川出版社,『世界各国史』

【WEB】

NHK高校講座 世界史, NHK for School, 外務省, 国立国会図書館, 日本銀行(にちぎん☆キッズ)

이 책을 만든 사람들

- **감수:** 하네다 마사시(HANEDA MASASHI)
  도쿄대학 명예 교수
- **플롯 집필 · 감수:**

제1장 훗타 가즈요시(HOTTA KAZUYOSHI)
오카야마 이과대학 준교수

제2장 왕 웬루(WANG WENLU)
도쿄대학 도쿄컬리지 특임연구원

제3장 하세가와 다카시(HASEGAWA TAKASHI)
게이오기주쿠대학 준교수

제4장 쓰지 아스카(TSUJI ASUKA)
가와무라학원 여자대학 준교수

- **자켓 · 표지:** 곤도 가쓰야(KONDOU KATSUYA)
  스튜디오 지브리
- **만화 작화:** 야기누마 고(YAGINUMA KOU)
- **내비게이션 캐릭터:** 우에지 유호(UEJI YUHO)

차별적 표현에 대하여

『세계의 역사』 시리즈에는 현대를 살아가는 우리가 입에 담아서는 안 될 차별적인 표현을 사용한 부분이 있습니다. 역사적 배경이나 시대적 관점을 보다 정확하게 전달하기 위해, 불편함을 무릅쓰고 꼭 필요한 최소한의 용어만 사용했습니다. 본 편집부에게 차별을 조장하려는 의도가 없다는 점을 알아주시길 부탁드립니다.

– 원출판사의 말

하루 한 권 학습만화 3
세계의 역사

고대의 대제 (진 · 한과 로마)

(기원전 2세기~400년)

초판인쇄 2022년 12월 30일
초판발행 2022년 12월 30일

감수 하네다 마사시
옮긴이 일본콘텐츠전문번역팀
발행인 채종준

출판총괄 박능원
국제업무 채보라
책임번역 문서영
책임편집 조지원
디자인 홍은표
마케팅 문선영 · 전예리
전자책 정담자리

브랜드 드루주니어
주소 경기도 파주시 회동길 230 (문발동)
문의 ksibook13@kstudy.com

발행처 한국학술정보(주)
출판신고 2003년 9월 25일 제406-2003-000012호
인쇄 북토리

ISBN 979-11-6801-688-0 04900
979-11-6801-777-1 04900 (set)